把事情做成功的关键少数

实干家的困局与出路

汤姆·琼斯 著
裘潍嘉 译

中山大学出版社
SUN YAT-SEN UNIVERSITY PRESS
·广州·

版权所有　翻印必究

图书在版编目（CIP）数据

实干家的困局与出路/汤姆·琼斯（Tom E. Jones）著；裘潍嘉译．—广州：中山大学出版社，2020.11
ISBN 978-7-306-06900-9

Ⅰ. ①实… Ⅱ. ①汤…②裘… Ⅲ. ①企业管理 Ⅳ. ①F272

中国版本图书馆 CIP 数据核字（2020）第 122246 号

SHIGANJIA DE KUNJU YU CHULU

出 版 人：王天琪
策划编辑：熊锡源
责任编辑：熊锡源
封面设计：刘　犇
插图设计：Cullen Jones（卡伦·琼斯）
责任校对：姜星宇
责任技编：何雅涛
出版发行：中山大学出版社
电　　话：编辑部 020 - 84110283，84111997，84110779，84113349
　　　　　发行部 020 - 84111998，84111981，84111160
地　　址：广州市新港西路 135 号
邮　　编：510275　　　　传　真：020 - 84036565
网　　址：http://www.zsup.com.cn　E-mail:zdcbs@ mail.sysu.edu.cn
印 刷 者：佛山市浩文彩色印刷有限公司
规　　格：860mm×1234mm　1/32　8 印张　185 千字
版次印次：2020 年 11 月第 1 版　2020 年 11 月第 1 次印刷
定　　价：35.00 元

如发现本书因印装质量影响阅读，请与出版社发行部联系调换

序

我在弗吉尼亚理工大学（Virginia Tech）从事成人教育工作，在修斯培训公司（Hughes Training, Inc.）负责教学设计，以及在美国高盛集团旗下教育管理公司（EDMC）担任教务长期间，见到了数以千计有才华、有追求的人想要获得职场上的进步。职场人士虽然有各种学习机会来提高绩效，但效果却不一样。问题的关键在于怎么学以致用。

这些年来，有一点一直都是有目共睹的。这一点不单单是潜力，也不单单是知识，而是在做事过程中体现出来的潜力与知识的结合。有些特定的人能把事情做成功，他们要么能自己完成，要么通过与人合作来做到。管理层十分欣喜地发现，不管任务有多难，把任务交给"实干家"总能完成，任务的关键之处总能令人满意。成了！

"把事情做成功的关键少数"——本书封面上的这句话其实引出了两个问题：实干家是指哪些人？他们在哪里？我们会

惊讶地了解到，实干家其实遍及各个组织，遍布各个层级。本书作者汤姆·E. 琼斯照出一束光，让我们看清就在我们身边、默默做出巨大贡献的这批人。当你环顾四周，认出了身边的实干家，接下来要怎么办？你是否准备好帮助实干家更充分地发挥优势，让上级老板和员工同事受益？实干家会不会得到恰当的认可、培训与报酬？作者一一探讨了这些问题，配之以常见的职场情形并给出了实用的解决方案。

我有幸去过中国，也担任过美中友好协会休斯敦分会的会长，所以知道要把不同的文化背景考虑在内。例如，在美国，员工或管理层收到仓促的、直截了当的负面反馈——对方是好心提供帮助——是比较常见的事。而在其他文化里，这种提意见的方式有可能会被视作一种攻击，只会起反作用，而不是发挥应有的效果。

在这样的背景下，我们需要"实干家"的相关理念。实干家读了这本书就会明白：为了完成有价值的任务，必须直面批评而不退缩。领导者读了这本书就会发现：最好还是等到实干家的项目出了结果以后再做评价，而不是在实干家的创新过程中就下结论。出版本书的目的之一，就是缩小职场认知差距，从而让实干家得到信任，避免遭受不成熟的批判，让管理层从本质上理解"把事情做成功的关键少数"，生出更强信心。

在一个实干家能得到支持与信任的环境里，实干家显然成为一项资产。初创公司、小型企业以及大型组织，通过聘用、培养与留住较多的实干家,能结出更多硕果。

——肯·帕斯卡博士(Ken Pascal,Ph. D.,来自美国休斯敦职业生涯导师组织)

目　录

引　言 /1
　　一、了解实干家的优势与劣势 /2
　　二、如何善用实干家：向上传声 /4
　　三、着手打造实干家友好型组织 /5

第1章　实干家如何构建良好的人际关系 /6
　　一、实干家要以什么视角来看待关系 /7
　　二、实干家工作中会遇到的怪人 /8
　　　　（一）哼哼人 /8
　　　　（二）懒散蛋 /9
　　　　（三）不适者 /9
　　　　（四）独行侠 /10
　　三、实干家如何构建任务型人际关系 /10
　　　　（一）合作精神——彼此合作的成果可胜过单打独斗 /11
　　　　（二）目的一致——同一时间做同一件事，即便只是倾听 /12
　　　　（三）互相尊重——接受并重视别人带来的贡献 /12
　　　　（四）有效交流——说清楚你的意思以及你要别人做的事 /13

（五）态度中立——面对争执，在了解事情全貌之前不
　　　　站队　/14
四、建立任务型人际关系的好处　/14
五、探索队伍中的持续对话模式　/15
　　（一）反应　/15
　　（二）回应　/15
　　（三）映射　/16
六、实干家人际关系中的支持系统　/16
　　（一）实干家需要适合自己的支持系统　/16
　　（二）支持系统的成员角色和人选　/17
　　（三）运用支持系统需要注意什么　/20

第2章　实干家如何应对能力不足者　/21
一、学会运用能力指数这个实用工具　/22
　　（一）等级一：就是不懂，永远不懂　/23
　　（二）等级二：也许能懂，利字当头　/25
　　（三）等级三：弄懂在后，吃亏在前　/27
　　（四）等级四：有时能懂，需要提醒　/29
　　（五）等级五：最终能懂，需要时间　/31
二、配合能力核对表使用效果更佳　/33
　　（一）能力核对表　/33
　　（二）能力核对表的运用　/35

第3章　如何推行实干家所需的切实交流　/36
一、明白误会是如何产生的　/37
二、帮你过心理关，还教你切实迈出第一步　/38

三、如何切实表达与应对负面意见 /39
　　（一）如何更有效地表达你的负面意见 /39
　　（二）如何面对别人给你的负面意见 /41
四、从鲜活的例子看坦诚交流的好处 /41
五、如何开会探求敏感话题背后的真相 /43
六、如何建立向上传声机制并取得成效 /45

第4章　实干家如何明确方向 /48
一、对造成方向不明的管理层有所了解 /50
　　（一）管理者的失调行为 /50
　　（二）管理者工作失调的原因 /51
二、从两种信息流动模式看懂组织运行 /53
三、实干家需要计划舵轮 /55
　　（一）计划舵轮的好处 /55
　　（二）计划舵轮的构造 /57
　　（三）计划舵轮的运用 /60

第5章　如何提升工作圈合作水准 /63
一、新人融入需要实干家辅导 /64
二、实干家如何担任同事辅导员 /66
　　（一）从意外后果入手 /67
　　（二）运用责任表法 /68
三、高、低绩效者组合如何提升合作水准 /74
　　（一）了解低绩效者与高绩效者的心理差异 /75
　　（二）用团体接纳协议改善低绩效者的感受 /76
附录：问题解决四步骤 /79

第6章 如何实现有用的学习 /81
一、有用的知识技能学习 /81
（一）了解学习的四个阶段 /83
（二）从乔的例子看学习的四个阶段 /84
（三）乔的例子带来的启示 /85
（四）从例子看如何激励大型群组学习 /86
二、有用的领导力学习 /87
（一）善用过去—未来模型，学习领导力 /89
（二）实战示范如何运用过去—未来模型 /92

第7章 管理者如何善用实干家汇集信息与控制流言 /96
一、别让宝贵信息停留于私下小会 /96
二、如何引导实干家汇集信息 /98
（一）简单的初步练习：杯子上的X /98
（二）进一步的开会方法：海纳百川的思考方式 /99
（三）一句话检验成效 /101
三、别让流言造成巨大伤害 /101
四、如何控制流言与减轻危害 /103
五、如何让实干家自主汇集信息与控制流言 /104

第8章 管理者如何发挥实干家与潜在实干家的主动性 /106
一、了解主动性的六个等级 /107
（一）等级一：等待指示 /107
（二）等级二：请求指示 /108

（三）等级三：提出方案 /108
（四）等级四：自主行动，随即报告 /109
（五）等级五：自主行动，例会报告 /110
（六）等级六：自主行动，除非另有指示 /110
二、引入绩效管理与过程改进 /111
附录：如何吸引并留住实干家 /114

第9章 管理者与实干家都应该了解的职场失调问题 /118
一、了解失调的四个阶段 /119
（一）阶段一：无人要求澄清 /119
（二）阶段二：忽视双重标准 /119
（三）阶段三：闭口不谈问题 /120
（四）阶段四：讳疾忌医自欺 /120
二、评估所处阶段，采取措施 /120
（一）运用典型失调行为核对表 /121
（二）警惕其余失调行为 /126

第10章 化冲突为财富 /130
一、全面看待职场冲突 /131
二、重点探讨禁言事项 /133
（一）了解禁言事项背后的大众心理 /133
（二）明白禁言事项有何负面影响 /133
（三）初步了解冲突溯源 /135
（四）进一步运用冲突溯源六步骤 /139
三、放长眼光管理冲突 /143
（一）为何需要放长眼光 /143

（二）如何做到管理冲突 /144

第11章　如何应对变化 /147
一、察觉与迎接变化 /148
二、为变化做好准备 /149
　　（一）琢磨应对变化的策略 /150
　　（二）留意不同人对于变化的反应 /151
　　（二）实干家需要哪些准备 /152
三、着手应对变化 /154
　　（一）规划：管理层不可单干 /154
　　（二）过程：让参与者集中注意力 /155
　　（三）结果：态度端正，行动开始 /156
四、进阶版：如何面对充满系列变化的过渡期 /156
　　（一）遵循过渡转变指南 /157
　　（二）活用绩效路径模型 /158

第12章　给期望以回应 /165
一、了解期望—回应模型 /166
　　（一）期望 /167
　　（二）状况 /168
　　（三）行为 /168
　　（四）感觉 /168
　　（五）回应 /170
二、运用期望—回应模型 /171
　　（一）可打破虚构壁垒 /171
　　（二）可提供测评辅导 /173

（三）正确回应期望有何好处　/176

第 13 章　实干家需要看透的错位问题　/178
　一、一张图看懂什么是组织错位　/179
　　（一）底线型组织　/180
　　（二）中间型组织　/181
　　（三）顶线型组织　/182
　二、实干家需要看透错位与失调的关系　/183
　三、遇到这些真实的错位问题，你打算怎么办？　/185
　　（一）制造商　/185
　　（二）医院　/186
　　（三）非营利组织　/187
　四、实干家可借鉴这些真实的成功经验　/188
　　（一）公共机构　/188
　　（二）医疗中心　/189
　　（三）家庭服务组织　/190
　五、实干家能够运用这一章带来什么好处　/191

第 14 章　实干家如何有策略地做好变革　/193
　一、从了解组织的三个子系统着手　/194
　　（一）专业子系统　/195
　　（二）行政子系统　/196
　　（三）管理子系统　/196
　　（四）从真实案例看子系统各自为政的问题　/197
　　（五）子系统交叠的好处　/201
　二、如何做出恰当的变革策略　/203

（一）从两方面考虑子系统及其员工的状态 /203
（二）从真实案例体验如何有策略地做好变革 /204

第15章 实干家如何把握成败 /207
一、实干家要懂得风险—反馈对成败十分重要 /210
二、四种文化对应四种风险—反馈模型 /210
（一）假想型文化 /212
（二）循序型文化 /212
（三）进步型文化 /213
（四）高瞻型文化 /214
三、正确对待失败 /214
四、离成功更进一步 /215
（一）假想型和循序型文化有何难关 /215
（二）进步型与高瞻型文化如何实现 /217
（三）实干家如何改造组织文化 /219
（四）实干家如何应对这些困境 /220

第16章 EPU 实例分析：过渡转型期，他们如何做好传承与转变 /223
一、楔子 /223
二、案例背景 /223
三、为接班人的新掌舵时代做好过渡准备 /224
（一）采用计划舵轮 /225
（二）在计划舵轮的每个环节配合其他工具 /227
（三）计划舵轮给 EPU 带来的好处 /238
四、EPU 创始人对于这次过渡转型的感受 /239

引　言

"关键少数"法则，又叫 80/20 规律、二八原理等，由意大利经济学家帕累托首先提出。据他观察，自家菜园所收豌豆的 80% 都来自豌豆荚中的区区 20%。

在世界各经济体中均得到证实的 80/20 规律，也体现于现代组织中 80% 的生产要归功于 20% 的员工这一事实。这 20% 就是把事干成的关键少数。

本书把这些关键少数人士称作实干家，他们是任何一个成功组织的中流砥柱。

现在的人来去匆匆，还没熟悉到可以建立关系，就已成为历史。而那些还在身边的人，你又不知道他们对工作的理解是否和你一致。

本书提倡构建实干家友好型组织，这种组织可以带来种种好处，激发高效人士的全部潜力。

如果你的下属、同事或上级的表现符合下面实干家的特点，这本书会教你把握身边的这一笔财富。

更重要的是，如果你觉得身为实干家，自己的成就不受赞许、不被认可或者受到低估，更糟的是还引发你和同事、上级的矛盾，这本书可以告诉你为什么，还能教你如何避免。

一、了解实干家的优势与劣势

（一）优势

实干家遍布各个层级，上至董事会，下至休息室。虽然实干家通常埋头干自己的活，不费心吸引别人的关注，但他们的特点其实很容易辨认：

☆跨越部门边界，建立联盟。
☆不成功不罢休，鼓舞士气。
☆上级放养时，凭直觉行动。
☆迎难而上，为人所不能为或不愿为。
☆寻找机会，实现自我成长与职业发展。

（二）劣势

身为实干家或者与实干家组队，听着好却也有不利的一面。如果组织里的招聘、晋升和评选政策不作调整、不能善用实干家的才能，那么实干家的以下倾向也许会给实干家带来不良后果：

⚠ 实干家对权威心怀抗拒，对不清楚、不一致之事表示质疑。

这些行为绝好地说明了做实干家的同事或上级的压力有多大。每当实干家认为自己的做法能更好地完成任务，他们容易不顾指示、自行调整。请不要立刻判定这是无礼之举，要先想想，他们这些做实际工作、离客户最近、最适宜解决问题的人，所给出的诚实反馈可能会带来好处。

⚠ 实干家升职后，反而可能丧失个人影响力及其效率。

管理学中的彼得原理称："每个职工趋向于上升到他所不能胜任的职位。"要抵消升职对实干家的副作用，关键在于为实干家量身打造奖励机制，以业绩论英雄，不以职位论功行赏。即让实干家得以发挥自己的最高潜能，无需离开自己的高产领域。

⚠ 实干家对现状不满时，会换地方寻机遇。

注意，别让实干家感到自己的贡献遭到低估或不受赏识而跳槽。他们一直都在更新简历、联络同行，掌握最新的职位空缺情况。

实干家喜欢接受挑战、迎难而上，很快就会对现状感到不满。一个地方如果没有个人成长与职业发展的潜力，他们会换个地方寻找这样的机遇。

二、如何善用实干家：向上传声

研究表明，管理层遭受失败的主要原因不在于能力不足，而在于对对个人与公司未来有消极影响的关键信息，要么毫无察觉，要么无从得知。

管理层需要听取一线人员的意见。一线人员与客户直接打交道，因此最能看出问题并献计解决。

"向上传声"指的是与组织等级中有权威、有权力采取行动的人直接交流。向上传声班子由专题小组组成，小组成员则是来自各个层级的、公认可靠可信的实干家代表。

为了使传递的声音能够响亮地让管理层听见，需要满足两个前提：

◇参与者相信，自己并没有受伤的风险。
◇参与者相信，自己并不是在浪费时间。

任命实干家担任这一关键角色的好处有：公开坦诚的交流增加，人际与部门间的矛盾浮出水面，上下级的关系改善，低绩效者的生产力提高。

三、 着手打造实干家友好型组织

要打造实干家友好型组织,首先要让管理层接受三件事:一是仅靠管理层不足以成事,二是管理层并不清楚成功还需要哪些条件,三是智慧来源于对手下实干家的善用。

实干家本能地通过建立非正式的跨职能交流网作为可靠的信息来源,来扩大自己的影响范围。正是这个原因,新型企业或组织的长远成功取决于是否让实干家参与决策过程。

任何组织若能机智地认可、奖励并留住实干家担任同事辅导员、问题解答人、内部规划师以及本书描述的其他提高绩效的角色,将会整体提高生产力。

第1章
实干家如何构建良好的人际关系

关系好的真正标准并不在于互相认识、互相喜欢,而在于彼此合作所取得的成绩能够胜过单打独斗。

现在的人来去匆匆,还没熟悉到可以建立关系,就已成为历史。而那些还在身边的人,你又不知道他们对工作的认识是否和你一致。

雪上加霜的是,客套礼貌在许多工作场所悄然消失,取而代之的是办公室内愈演愈烈的互相敌视。结果是大家心灰意冷,人际关系紧绷。这种互相敌对可不仅仅是令人头疼,还会极度扰乱正常工作流程。

你有时会觉得,似乎自己才是唯一一个又能对付干扰、又能把事做对的人。一边要努力干好本职工作,一边还要费心找到合得来的搭档,夹在中间真不容易。然而,上级对你的这种感受似乎毫无察觉或漠不关心。

冒着人际交往中可能出现的困难把工作做好,确实是个挑战。一想到身边有些同事的性格，心里就不免添堵。这就是我们很难跟自己不认识、不喜欢、不信任的人共事的原因。

与其抱怨人际交往有多难，不如牢记一句话：老板只看你工作做得多好。你能为组织贡献的最大价值就是——与人良好合作的能力。

一、实干家要以什么视角来看待关系

商业运作不仅仅是人员管理，还包括少投入多产出，意味着你和同事要提高产量、减少错误、提供更好的客户服务。

鉴于企业聘用你的目的是要帮助企业最大程度地利用有限资源、得到最好结果，因此，单看你是哪位，你认识谁，都没那么重要；你做的事情才是至关紧要。

这就提出一个挑战：你不仅需要把本职工作做得出色，还需要在工作上与人合作良好。成功的标准是你能否通过别人来把事做成，意味着不管和同事相处得好不好，都要做出成绩来。

关系必须迅速建立，并在短期内结出累累硕果。上级通常没给你足够的时间去跟某个同事接触，就叫你俩组队干活。不管你们互相感觉如何，工作都需要完成。

虽然做起来并不容易，不过，一旦懂得建立良好关系有哪些指导原则，你差不多就能与任何人共事。你首先要做到：承认不同的人对同一个任务有不同看法。

各自观点不同,仅仅是导致人们该团结时搞分裂的其中一个障碍而已。想要打破重重障碍并建立合作关系,你需要用全新的眼光来看待与自己意见不同的人。

【作者注:如果你亟须改善与同事的集体交流情况,来不及看完这几页,请直接跳至本章的"五、探索队伍中的持续对话模式",试用"反应→回应→映射"模型。】

本章会有一套简单易行的方法,帮你跟任何人都能建立起健康良好的工作关系——和被你看作笨蛋的家伙也可以。但在那之前,我们先来看以下几种通常让人抓狂的典型性格——不想干着急上火的话,就要学会如何跟他们合作。

二、 实干家工作中会遇到的怪人

(一) 哼哼人

有的人似乎总是在对什么事情哼哼唧唧抱怨个不停。不过在屏蔽他之前,要意识到这种哼哼唧唧是在表明:有人遇到了问题正在求助。现代职场的本质是快节奏、高要求,人人都要顶着压力做出迅速调整和准确回应,神奇的是多数人居然能够不哼不唧。

哼哼人有时只不过是在寻求关注。很多人觉得,想表达自己不高兴又要避免直接指责别人,哼哼唧唧是最安全的一种办法。

你的内心想叫这些哼哼人成熟一点、速去干活。这种想法虽在情理之中，却于事无补。你要做的是让他们别纠结于自己的问题，而是与你一同解决组织的问题。

（二）懒散蛋

经验告诉我们，实干家对目标实现与工作质量越是重视，对堕落成性的懒散蛋同事就越多投诉。

想把朽木清理出户，"薪水不流懒人田"，但你会发现"不干活就炒鱿鱼"往往并不奏效。这是因为，懒散蛋一听到风声说有人在监察工作，就会跟上大家的脚步干上一段时间，刚好够用来熬过严察期。一旦威胁已过，他们立即恢复原状。

懒散蛋深谙得过且过的艺术，所以别指望他们提出什么有建设性的想法来改善与你或与他们同事的关系。

（三）不适者

常言道，适者生存。与之相对的不适者既不适应工作，又不适应环境。

同事承诺会解决的问题，是否一再打回给你要你操心？欢迎来到不适者的世界，他们没干完或没干好的事照样上交，寄望于其他人去处理。

不适者的行为还包括：没有养成良好的共事习惯，组织能力差或没有自信心。不适者在做个人选择方面也有黑历史。虽然此等行为在职场并不新鲜，但现在变得更加常见、更难管理。

不适者缺少那种跟同事坦诚相见的信任，因此他们抗拒参加集体活动，总想逃避责任，宁愿自己呆着，照自己的节奏来工作。

（四）独行侠

你可能和大多数实干家一样，想当然地觉得你的同事会组队合作。但实际上，当今职场有相当多的人不懂得怎样合作——因为没人教过。

有些人面对上课集体上、考试个人考的情况，学会一切只靠自己。为了寻找机遇以获得个人成就，他们签约的工作只注重自我成就能力——与你合作并不重要。

独行侠认为向人求助等于作弊。在他们的记忆里，无论在家还是在学校，"作弊"被抓包都会受罚。

三、实干家如何构建任务型人际关系

想要消除你和怪人队友之间的隔阂，建立起富有成果的关系，需要找到方法并采取行动。下图描述的团队合作五原则，为建立任务型关系提供了指导方针。当你遇上哼哼人、懒散蛋、不适者或独行侠，要把重点放在他们的任务上，而不是性格上。

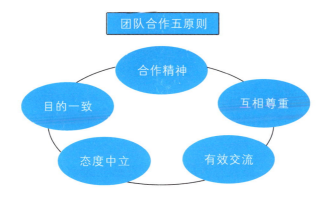

（一）合作精神——彼此合作的成果可胜过单打独斗

决定与人联手之前，你要自问：我从这段合作关系中能得到什么好处？乍一看，除了让对方高兴以外似乎没什么好处。再往深处想想才会发现，自己的确需要对方的资源或才智。有时不妨把自己拥有的才能列出来，和你了解到的对方情况作个比较。

即使你认为对方能力不足，也要经过足够长的合作时间，才能确认你之前的想法是否有误。你要换一个角度去想：同事有他独特的才能，与你配合时可能会提高两人成功的概率。

一人不可能完成的高难度任务，两人合力完成时自然会感到热血沸腾、情绪高涨，从未有过的合作精神就此涌出。你们越发渴望这段关系继续下去，你们都会充满动力地为下一个项目定下更高的目标。

（二）目的一致——同一时间做同一件事，即便只是倾听

解决问题与做出决策是分开的两项职责。两样同时进行会导致混乱并分散团队精力，因此，这两件事都需要全体参与，逐件进行。

解决问题，需要有人能轻松自在地回想起错综复杂的细节，记起各种被遗忘的、也许能帮助解开谜题的琐碎事。想要寻求解决方案，合理的第一步做法就是集体回忆，想想哪些因素有可能导致结果与期望发生偏差。不擅长这类回忆的团队成员专心听。

做出决策，更多的是为将来的改变而设定新路线。这就需要有人擅长向前思考。全体人员必须在解决问题暂告一段落之后，再一起把注意力集中到做出决策上。决策过程中，不擅长向前思考的团队成员要用心听其他人的想法。

与人合作，优先要做的就是确定一个共同目的与焦点，然后才是汇集知识、着手工作。如果没有一开始就定下共同目的，结果只会浪费大量时间和精力来争论谁对谁错。大家也更有可能抓不住要领，或者做出蠢事。

（三）互相尊重——接受并重视别人带来的贡献

与人共事不要总是依靠第一印象。不多看一两眼，就不会明白别人能为这次合作带来什么贡献。

了解他人的想法与才干，你才能有根有据地预想任务应该如何完成。这一点只有虚心请人与你分享所知所想，才能得到答案。

你的目标是专注找出不同观点的根源，而不是劝人改变思考方式。归根结底，不懂他人的思维基础又岂能改变他人的想法。重要的是了解他人观点的形成过程。

互相了解各人对合作有何预期，是弄清各人立场的大好机会。这样等合作正式开始后，大家自然能更好地理解每个人对事情的预想和态度。

（四）有效交流——说清楚你的意思以及你要别人做的事

你所说的一切话语和你没说出口的话都有涵义。难的是如何交流才能清晰地传达你的意图，让人清楚理解你想要别人做什么。

任务型关系建立在准确的信息之上，因此你在给出信息时，要尽量做到所想即所说，所说即所想，没想过或者做不到的事情不作承诺。

为了保证效果，准确的信息要传达给可信的人。注意，要找到你信得过的人直接交流，而不是通过中间人。

告诉这些队友：把从其他来源得到的消息向你做真实反映。要让他们知道：如果你查出他们篡改事实或者隐瞒真相的话，他们就彻底失去了你的信任。

（五）态度中立——面对争执，在了解事情全貌之前不站队

有矛盾就意味着这段关系里缺了某个关键。与其为你自以为知道的事情争论不休，不如等你们交流完上次共事以来的最新情报之后再议。人与环境都是会变的，所以你很有可能没收到最新消息。

出现矛盾时，首先要做的是倾听，这是为了弄清楚造成争执的原因。之后要着手寻找新信息的来源，帮助自己构建新的观点。如果无法迅速解决该问题，则搁置争议，不要妨碍任务的完成。

意见不合是个好机会，团队成员借此就能看清彼此的分歧。在消息确认之前，各自保留不同意见，才是关键。

四、建立任务型人际关系的好处

实干家常常轻视职场关系，因为他们不了解、不喜欢、不信任共事的人。在建立任务型关系时，运用团队合作五原则，可以使个人表现客观化，而非个人化。实干家喜欢像这样对事不对人，因为这让他们明白要解决的是事情，而不是人的问题。

如此一来，就能保证职场人士的努力得到认可、贡献受到重视、工作更有乐趣、环境变得理想。一度紧张的关系曾是痛

苦之源，现在的关系却变成了骄傲与喜悦的源泉。

五、 探索队伍中的持续对话模式

实践了团结合作五原则，开始组建队伍之后，下一步就是为队内的实干家寻找一个持续对话模式。"反应→回应→映射"模式的目的在于：同事集体交流时，鼓励少说多听。有抱负的实干家谨记：要善于聆听，别急着开口，这会让你更有效率。

（一） 反应

克制第一反应。要知道，用不成熟的方式表达感受与想法，会把焦点从说话人身上转移，对于想要彻底探讨问题来说弊大于利。虽然一有想法就做出反应是天性冲动，但你应该克制住，好让别人说下去。

（二） 回应

给予肯定回应。说话人阐述完自己的主要想法后，你很容易就能找到恰当的时机来回应。给予一个肯定的回应，不仅说明你一直在用心听，还促使说话人更加坦率地回答你的问题与担忧。

（三） 映射

提出备选方案。当众人搁置批评、自由讨论时，自然就有机会提出备选方案、探讨潜在对策。发起这种探讨有如举起一面镜子，映射出不同的人对目前情况的多种看法，让与会的所有人都从中受益。

六、 实干家人际关系中的支持系统

大部分实干家的方向感和成就感来自高绩效工作环境中的团队关系。但是在失调的组织里，假如自己的贡献不受重视，实干家就要好好考虑现有的支持系统能否满足自己的个人需要。

（一） 实干家需要适合自己的支持系统

在组织人事变动期间，有人晋升，有人降职，有人离开。为了你的健康和幸福，有一点至关重要：拥有自己的支持系统，帮助你应对来自变化的挑战。

指望周围的人给你提供支持，不一定次次都有用，因为他们也有陷在自己的问题里脱不开身的时候。当你们公司和员工忙着与市场需求斗智斗勇、无暇管你时，你必须寻找其他源泉，再次确认自己所处的位置和人生方针。

大卫·诺尔的《愈合创伤：克服裁员之痛，重振减员组织》一书提到了"主根策略",指有些人依靠工作单位满足自己的一切需求,就像有的植物只依靠主根来吸收营养和水分。诺尔提出了几个发人深省的问题,包括"如果主根被切断了会发生什么事?如果你的工作单位就是你的一切,那么如果失去工作,你会变成什么样?"

他指出,依赖工作单位的那些人"依靠单独一位雇主来养育他们生活的方方面面,自尊、身份和社会价值都是从这一个工作单位获取养分",当他们离职或调任至不熟悉的岗位时,这些人觉得生活失去了意义。

而我还想你记住一点:当你改变,你的支持系统必须随你改变。现在在你支持系统里的人,他们支持你是因为他们喜欢你现在为人处事的状态——他们可能并不想你改变。实际上,如果你试图改变,他们反而常常站在你的相反立场上。

这么一来,如果你不能再依靠工作单位里的人,那要如何得到所需的支持呢?你要建立自己的支持系统——要符合你的需要。

(二) 支持系统的成员角色和人选

组建自己的支持系统,一要花时间,二要费脑力。可以把它看作一系列"演艺试镜"。别人前来试演,你仔细考虑谁是扮演哪个角色的最佳人选。最好告诉别人你希望他们担任什么角色;假如他们同意了,接着说自己向他们寻求支持时期望他们怎么做。

不同于职场指导或职场关系网，你的支持系统注重的是你这个人，而不是你的工作或事业。你和自己支持系统成员间的主要交流方式应该是一对一的。有时候，交流互动比较认真集中，特别是在遇到疑惑和混乱的时期。很多时候，当你不肯定是什么"真正地烦扰"你时，与你支持系统内的某人深入探索问题，能够让真正的问题浮出水面，从而让你能够诚实地面对它。这一点在你奋力克服自己的疑虑和迷思时特别有用。

下面所描述的支持系统中的角色，来自该领域的前沿研究成果。有些正在受苦的实干家正需要一些清晰明确的支持，这里精心选取的六个角色正好可以满足他们的需要。

1. 信心建造者

信心建造者的关键作用是在你需要振作时提供鼓励。你选择的人要敬重你的为人，而不是只看你做事的成果。熟知你的人更能感觉到你何时需要精神助力。多数实干家依靠自信心来度过艰难的时刻。然而，当艰难的时刻变成一段难熬的时期，如果有认识的人确保能让你回到正轨，会让你倍感欣慰。

2. 挑战者

担任这个角色的人如果认为你的方向有误，就会对你的计划提出质疑。你时刻需要一个坚定的参谋，以检测你的观点、想法和主意。你自己的信念越坚定，你就需要越多的人来担任这个角色。该说"不"时就说"不"的人并不容易找。你对自己的要求有多高，对支持系统内挑战者的要求也必须有这么高。要求他们花时间聆听，要求他们费心思认真对待你，要求他们用坚定的意志反驳你。

3. 驱动者

实干家需要一些能够激发自己想法、提示自己核实真相的人。驱动者就像是引擎上的启动装置——在你懒惰一段时间后需要一波能量来重新启动时特别有用。选出能够启发、激励你的人。他们不一定是你正式认识的人。作家、艺术家、诗人、传道者、先知、大师或者随便一个能给你提供正面影响的人，都有资格成为你的驱动者。

4. 供养者

供养者关心你的幸福安康。就像人体一样，大脑需要养料来生长发展。当你精神消沉时，你不仅仅需要别人当你的后盾，还需要别人把你的精神提上去。你需要知道有人关心你的情况。供养者能够助你拓宽视野，比如帮你在逆境中寻找生机。

5. 朋友

朋友是关心你、欣赏你现在这个样子的人。他们觉得你是一个特别的人，不会设法改变你。你相信他们即使不同意你的观点也会尊重你。他们为你的哪些事情担忧都会提出来跟你讨论，自在又坦率地为你提供意见。与你的朋友在一起，会为你带来其他人际关系中难以找到的满足感和灵感。

6. 镜子

这种人在思维方式、兴趣爱好、对许多大事的看法上都和你一样。由于他们在很多方面与你相似，重视的事情也一样，他们就像一面镜子,反映着你的想法和感受。你在他们面前发表想法时会感到很自在,不用害怕审判或批评。他们接受你的缺点并且原谅你的差错,因为他们尊重你。

(三) 运用支持系统需要注意什么

著名的职业发展专家贝弗利·凯建议,一个角色只由一个人担任。由一个人担任所有角色看似方便,但这个人有可能负担不起所有的重担,结果反而不如让六个人各司其职。

你现在需要哪种支持,就应该优先去寻找哪种角色的人。花一点时间为每一个角色填写潜在的人选。若你所需的支持发生了变化,你的人选名单说不定也需要修改,要记得更新。职场充满变化,需要随时要克服各种挑战,而你在建立支持系统上所投入的时间和精力,将给你带来力量、自信和勇气。

第 2 章
实干家如何应对能力不足者

  实干家最怕的就是队友缺少相应的才干、能力与动力来用正确的方法和正确的理由做正确的事。（有人认为有时是"态度"问题而不是"能力"问题，这里统称为能力。）

  这类人四下晃悠却不清楚自己给身边人造成的负面影响。公认的能力不济者也许并不是在有心做傻事或者故意搞砸，但他们每天都继续犯下代价高昂的错误。

  就算很想摒弃他们，你转念一想：他们无非是屡次搞不清楚别人要他们做什么的一群人；或者说，他们知道别人要他们做什么，只是不知道具体怎么做才对；又或者说，他们知道怎么做才对，只是看不出来那样做有什么特别的好处。

  当你迫于形势要跟这类人合作时，本章教你如何最大程度地利用好这种困局。

  你要如何运用下面的信息，取决于你的工作、酬劳及公司对你有多大吸引力。如果还有其他理由让你感到不满，何苦还要忍受无能的同事呢？

当你经过深思熟虑以后，认定情况坏得无药可医、无人能救，此时就该考虑跳槽或申请调去其他部门。

但是，如果你喜欢自己的工作以及工作环境，那么你有三个可行的选择：

第一，咬牙死顶，眼不见为净，既来之则安之，只盼终有一天无能之辈遭解聘。

第二，认真努力地改变其行为。向对方的顶头上司或者人力资源部门投诉。

第三，改变自己的态度，尽情按照自己的节奏在同事身上试验各种应对方法。

如果你选上面的第一条或第二条，那么本章对你来说大概用处不大。如果你选第三条，你将学到相应的具体策略与实际技巧来应对任何一位能力不足的同事，并学会如何接近他们、与之共事，从而实现你的目标以及他们的目标。

一、学会运用能力指数这个实用工具

能力指数可简单测出一个人的行为习惯有多么根深蒂固。你可以用它来验明：对方缺少哪些才能，为了让事情行得通，你需要做何贡献才能使对方达到你的要求，并让关系发挥作用。

能力指数的每个等级后面都推荐了相应策略。要记住，这些人并不坏；他们只是在某些条件下或某些情境中表现出能力不足。

能力不足的人积习难改，甚至可能察觉不到有哪些做法需要改变。毕竟，他们这么久都这么过来了。他们很可能缺少重要的洞察力，不知道自己的行为正在影响身边的人。要求他们做出行为上的改变也许很难，但有些实用的步骤可以一试。为了在阅读中更加身临其境，你要想象自己在下面的真实故事里扮演着实干家的角色。

能力指数

等级五　最终能懂，需要时间

等级四　有时能懂，需要提醒

等级三　弄懂在后，吃亏在前

等级二　也许能懂，利字当头

等级一　就是不懂，永远不懂

（一）等级一：就是不懂，永远不懂

 情景

你是产品经理，在一家大型的纸品公司工作。艾德作为市场部经理,却没有向你的人员提供所需要的信息好让工作有效运转。

问题在于你几乎见不到艾德。他为人冷淡,难以接近,办公室的门总关着。他在任务小组会议上给出的评语总是过于苛刻,吹毛求疵。你的感觉是他完全漠视你的需求。

你沮丧是因为艾德垄断了向高管层输送信息的管道。他在做重大决策时也从不邀人参与;大多数时候,他早就定好了行动方针,只需在每周例会上宣布一声。

你能理解艾德的管理方式对他的部门来说可能并不坏。但是,你发觉他的不合作正在让你的员工怨愤不已、灰心丧气、士气低迷。

 策略

艾德的情况肯定属于等级一,因为他对其他人的看法毫无兴趣,他对自己也不会有多少深刻见解。他真心相信自己是对的,觉得没理由再从外面搜罗信息。因此,他的头脑必须先要开放,否则谈何改变。

不过,在认定事情彻底无望之前,以下步骤或许能帮你从艾德那里得到你要的。

- 约谈,找个彼此方便的时间,一起吃午饭或下班后一起。在他的办公室见面等于给了他主动权,所以最好在外面找个中立之地。

- 咨询，求助如何解决问题，案例中是部门士气问题。例如：他能做什么来加深与你们部门成员的联系？
- 展示，要尽你所能地只列事实、不掺感情。不要猜度其他人的感受，也不要揣摩他需要做什么。
- 避免直接批评，因为会产生反效果。
- 若他质疑你对事态的评估，不要浪费时间与他争论。

等一段时间再看他的行为是否有变化。如果情况确实好转，那就再安排一次会面，到时为他带来新消息与正面反馈，并给予鼓励。你可能需要把你上次的看法再说一遍，当作是初次提到就好。

如果没有任何改变，说明有可能一切照旧。就算你有书面证据，向上级告状也并非上策。艾德与高层关系很铁，因此针对他的任何投诉都可能被忽略，或被倒打一耙。所以你要么接受艾德这个人，要么掸掸简历上的灰尘准备另找工作吧。

（二）等级二：也许能懂，利字当头

 情景

查维斯是个吹牛大王。天天居功自傲，其实哪是他的功劳。他自己没什么点子，就总偷别人的主意——尤其是你的想法。你感到灰心是因为，虽然他说的话干货少而水分多，但上级看他——有个性魅力、二能说动大牌客户,还是会买他的账。

你的烦恼始于查维斯竞选部门主管。最后一轮的三个候选人由董事会面试——作为筛选审议小组的一员,你亲眼见识了他的出色表现。他走进董事会议室,穿得无可挑剔,就像直接从《财富》杂志封面走下来一样。他在门口稍作停顿,正好可以让所有人转过来看他。他魅力四射,控场技巧一流,与董事们热烈握手,还叫出了每个人的名字。查维斯事先做好了功课,准确来说是背熟了找人准备好的材料。他选上了。很好,你心想,终于可以离他远远的了。可惜事与愿违。他上任没多久,就说服公司把你放进了他负责的特别小组。

 策略

查维斯属于等级二,因为他忽视了部门即将遇到麻烦的一切迹象。你们现在荣辱与共,可以考虑劝他"若想继续高升,有必要改变做法"。这一点会引起他的注意。

但在找他谈之前,需要准备几个策略:

- 别说"要做就做、不做拉倒"。多给几个选项比较好,让他在不用认错的情况下接受你的意见。
- 与其一个人去,不如找些支持者陪你赴约。最好是他尊敬的人,或是曾经与他合作成功的伙伴。
- 还有一种集体战术:让每个支持者分头找他谈同样的

内容。

- 以书面形式直接引用他的原话，记下他的口头协议与承诺。否则他可能会否认自己曾经同意过你的提议。
- 用他重视的业内大佬或者上级来佐证自己的观点。不妨引用他钦佩的名人所说的相关话语。

一旦按照这些步骤来，你就已经达成了第一个目标：抵消他可能对你抱有的任何负面感受，化解他可能想一枪崩了带话人的冲动。记住，等级二的能力不足者也许知道要怎么做，却不懂为什么非做不可，因为他们从中没看到任何个人利益。这样一来，你的主要目的就是打开他们封闭的头脑，而不是改造他们的思维。因此，要耐心，要温和，要尊重，要宽容，但不要放弃。

（三）等级三：弄懂在后，吃亏在前

 情景

你是休闲女装精品店的经理，隶属于某家全国连锁店。你管理的分店最近一直亏损。在与其他分店经理的交谈当中，你意识到有些普遍问题正在影响整个连锁店。当你试着与CEO卡拉讨论现状时，她说你没有看到全局，让你不要担心。她的这种反应只会让你更加忧虑。

你觉得问题的根源在于卡拉，她似乎并不清楚公司的经营需要哪些条件。她总是一心在干自己擅长的事情——和投资者、银行家谈话——却很大程度上忽略了经营管理。当新店无法达到销售目标时,卡拉却无视了这一问题。她的董事会以及家人、朋友从来不质疑她的行动,从来不问她要财务报告。没有人在协调采购工作,库存管理、货品退换规定、分店经理被晾在一边没人管。

策略

卡拉的情况属于能力指数等级三,即撞了南墙吃过亏才可能懂。鉴于她头脑聪明、胸怀大志,说服她的方法还是有的。不过,需要先得到她的注意。

采用以下步骤时,可以单刀赴会,也可以联合其他与你有同感的人一起。

- 约见面谈。告诉她事情很重要,你愿意专门去她的办公室一趟。
- 把你的各种担忧呈上。告诉她同事们也有类似的忧虑。
- 让她意识到,放任不管也许会后果严重。要强调经理们会辞职,公司可能会倒闭。如果你已经有此准备,真看不到任何改变时就递交辞呈吧。
- 拿出你的解决方案:聘请有经验的执行总监来担任母公司的首席营运官。
- 提示她可以把制订、协调、监控公司政策一事委托给别人，这样她就能腾出空来做自己最擅长的事：吸引投资、筹集额外资金。

哪怕尽了最大努力，只谈一次并不足以解决问题，要准备着进言几次才能看到改变。等到对方从"为什么要我……"变成"我应该怎么……"，你就知道熬出头了。之后就只需提供足够的文件材料说明"怎么做"即可。你要有备而来，用实例证明你的方案在其他地方如何起作用、你为何确信这是解决之道。理由再怎么显而易见，你可能还是要重复到她最终懂了为止。此时游说结束，你的想法已在她心里扎根，可以潇洒放手了。

（四）等级四：有时能懂，需要提醒

 情景

自从波莉成为你的上司，你就发现老话说得对：靠知识不如靠关系。鉴于她叔叔是董事，波莉作为毫无工作经验的应届毕业生，得到了广告文字撰稿人的职位。在公司工作多年的你，惊诧的是她没多久就从广告文字撰稿迈进了媒体购买。当媒体总监被对手公司挖走以后，公司 CEO 钦点波莉顶替这一职位，完全没有面试其他人。波莉现在的情况是她手下的人（包括你）经验都比她丰富得多。察觉到背后的怨恨和嗤笑，波莉在管理上变得独断独行，这只能进一步扩大她和同事之间的鸿沟。

策略

波莉的例子能很好地说明等级四的情况，因为她平易近人，自己似乎也明白与叔叔的关系让她的同事们心生怨恨。她几次三番试着靠自己的才德达到目标，但遇到一点挫折就退缩，又用回了叔叔这个靠山。针对这种情况，你要做的是：

• 找个有利的、友好的环境和她初次碰面。最好是她熟悉的环境，能让她感到舒适。在她最喜欢的餐厅共进午餐最为理想。

• 留出时间来聊一聊她的个人生活，包括她的家庭、朋友、兴趣爱好等等。会话要保持轻松又有启发作用——分享一段你的个人故事或经历，要和你想商量的这件事有关。

• 先摸清她对这话题的态度，再分享你的看法。让她的感受引导着你的观点表述。就算意见不同也要先接受她的判断，在这之后才能把你的担忧一一道来。

• 把其他人对这情况的感想告诉她，借此说出你的期望，然后再提你的困扰。

• 提示她可以有不同的处理方法，只要她愿意换一种行为或反应。主动写下这次讨论的要点，并且送到她那里加以确认。

与波莉那样的人打交道，不要耍小聪明——保持简单就好。避免用太多技巧形式作展示。当大脑负载过重时，等级四的人士很容易感到迷惑，还不如重复简单的老办法，效果会好得多。无论进步大小，你都要给予夸赞，但不要过度表扬——真心实意很重要。即使没出现问题，你也要定期跟进情况，否则他们就会忘记上次与你讨论之后所接受或同意的内容。

（五）等级五：最终能懂，需要时间

 情景

你的上司威拉德是个财务高手。他的同事叫他"神奇威"是发自内心的尊重。威拉德拥有沃顿商学院的 MBA 学位，整个墙壁挂满证书与奖项，证明他在管理某家快速发展的信息公司的复杂财务方面，具有经验与才干。一年前，该公司的股东批准了与某家竞争对手的合并。威拉德曾是制订这次合并条款的关键人物，受董事会任命成为新合并公司的总经理。

在你看来，甚至董事会显然也认为，他是最佳人选。问题是，你发现威拉德总是闭门待在办公室里。当你想要约见他时，他们告诉你威拉德现在没空——他在外开会，稍后再回复你。所谓稍后，永远不会到来。有证据显示，威拉德正在绕开你，具体表现为直接向管理人员打听详细信息，并采取措施削弱你的权力。

策略

一要时间,二要坚持,才能让威拉德这种能力不足者最终懂得自己的愚蠢行为将带来什么后果。你的坚持应该能让他调整风格,变得更符合你和你同事对他的期望,并予以积极回应。

等级五的能力不足者大多能够自我学习,很少犯同样的错误。你只需要指出他们的行为会带来什么后果,并耐心等待。

- 无论你建议他采取什么行动,都要给出正方论据与反方论据。包括如果不作任何改变,他或公司可能遭受哪些后果。
- 给他充分的机会去想解决方案、充分的时间去试验新做法。主动提出在一旁静静观察,向他多多反馈。
- 他可能会考证你对他的评价是否属实,因此你在表述时要力求准确、符合实际。不要夸大其词,没有亲眼见证的事情不要汇报。
- 如果他对你的汇报持不同意见,你要有条理地阐述自己的见解,并请他对每一点都发表看法。
- 如果他接受了你的建议,你要向他提交一份步骤清晰的时间表,上面列出他同意做出的一切改变,并保证会向他汇报结果,以免发生意外。

有的时候，等级五的人偏偏就是不懂你要他做什么，或是不懂用什么方法才对。对付他们，花言巧语不如死缠烂打，坚持就是胜利。你要让他知道，除非他的答案让你满意，否则你是不会放弃的。

二、 配合能力核对表使用效果更佳

当你学着如何应用能力指数方法时，要记住，表现得能力不足的人其实是缺了某些东西。下面的能力核对表，可让你更容易地识别出哪个人缺了哪项能力，并帮助对方或自己培养出工作中最需要的才能。

（一） 能力核对表

用数字1～5来评判自己或者他人在以下各方面的能力，5表示能力高，1表示能力低。

1. 判断类

得出合乎逻辑的结论（　　）

利用有限资料，做出优质选择（　　）

看出迫切需求，分出轻重缓急（　　）

批判性地评价书面交流材料（　　）

2. 组织类

计划、安排、指挥他人工作（　　）

节俭使用资源（　　）

处理文书工作（　　）

思考如何安排完成多个任务（　　）

3. 分析类

搜索有关资料（　　）

分析复杂信息（　　）

选出最重要的内容（　　）

选项排出优先顺序（　　）

4. 感知类

察觉他人的需求、关注点与困扰（　　）

听取双方意见，化解双方矛盾（　　）

善于与不同背景的人打交道（　　）

有效处理情绪类问题（　　）

5. 赋权类

评估下属的可靠性与精确性（　　）

就执行策略给出清晰的结论（　　）

把具体任务交给最适合的人选（　　）

确立员工与绩效的测评标准（　　）

6. 人际类

听取、支持他人意见（　　）

给出、接受有建设性的反馈（　　）

分享个人感受与想法（　　）

团队工作有成效（　　）

7. 政策类

找出正式或非正式的领导者所参与的重要事务（　　）

用公司政策来达成目标（　　）

与关键人士建立合作关系（　　）

重新部署各方力量，构筑新的联盟（　　）

（二）能力核对表的运用

现在你已经了解了能力核对表的内容，可以再从头把核对表过一遍；这一次要想想自己有哪些方面做得不错、哪些方面做得不够。

每一项能力都可以衡量，因此也可以不断改进。考虑在工作实践中多一些运用自己的强项。将重点放在自己擅长的事情上，并将自己稍逊一筹的方面看作潜在的成长机会。

不断地扬长补短，才能让你的上级认可你的能力，从而不需要在你身上使用能力指数法的那一套策略。

【作者注：上文选用的能力核对表，来自加州大学伯克利分校的评测中心指南，在此使用已获得该分校评测中心人力资源总监的准许。】

第 3 章
如何推行实干家所需的切实交流

有接触就有交流。就连沉默都是在传达信息。你一个张嘴、转眼、撅嘴、点头、抱臂、清嗓,都会有人对这些动作赋予含义。简简单单的手势、腔调和身体姿势传出信号,说明你喜欢或不喜欢某个人、为某件事感到高兴或不高兴。

下面就是一个好例子。

在偏远地区一家快速发展的公司,人力资源总监接到猎头公司的电话称,有一位来自顶级学府的 MBA 毕业生很快会来到这里,有意接受面试。

总监不想放过这个大好机会,赶紧成立了一个甄审委员会,第二天一大早就召开面试会议。甄审委员会十分期待见到这个出色的人选。

然而这人的面试应答虽然具备了对这份工作的扎实理解,但言辞简短、毫无热情。整个面试过程中,他显得没什么兴趣，面无表情地坐着，似乎倍感厌倦。

委员会不想浪费更多时间，就此谢过应试者，结束了面试。经过简单的讨论，委员会的结论是应试者明显对职位不感兴趣，于是投票决定不予录用。

过了一段时间，人力资源总监得知有家对手公司录用了那个应试者，他的面试表现让人大喜过望。随后给猎头公司打电话才发现，这位杰出的应试者之所以在第一场面试中表现糟糕，是因为他父亲刚刚去世。他飞回来就是为了安排葬礼，还有就近找份工作，方便照顾生病的母亲。

那么，应该怪谁呢？怪应试者不解释自己的情况，还是怪面试组只凭面试表现就做出判断？

想必你在工作中也遇到过类似的误会。如果你能想到去深究这些常见的误会，你也许就会发现，当事人可能并不喜欢或信任对方，因此两边都没有努力向对方澄清事实。

是否让对方喜欢，是否受对方信赖，这两个主要因素决定了交流的双方愿意付出多少努力来试图理解对方。

一、 明白误会是如何产生的

如果你喜欢、信任某个人，你倾向于忽略那人的错误和短处。你可能会更宽容地对待他或她的古怪性子和奇怪癖好。

对不喜欢又不信任的人，你的态度可就没这么好了。你倾向于不放过、不原谅他们所犯的错误。事实上,你偏向于用批判的眼光、猜疑的心理来看待他们做的任何事情。

对不喜欢又不信任的人,给意见时既要不失偏颇还要不伤感情,确实很难做到。但你若不能坦率、真诚地对待没效率的人,他们就不可能达到实干家的状态。

在人际关系等式中,提出负面意见占了半边,接受负面意见则占另外半边。与有潜力成为实干家的人交流需要二者兼顾,他们才会认为你说得对,才有信心照你的话做。

二、帮你过心理关,还教你切实迈出第一步

实干家喜欢说实话,并指望对方也能对他们诚实。更重要的是,实干家期望同事可以坦然通报坏消息、客观提意见。及时性也是一个关键因素。一味等待最佳时机,或拖到听者的情绪较好时再说,只会使事态复杂化。最好是趁还来得及矫正局面,第一时间就把话说清。

基于事实提出的意见蕴含重要信息,既能派上用场又能带来进步,但前提是听者不要觉得别人是在针对自己。没错,提意见有时是会伤人,令人愧疚或痛苦,但提意见本来就是对事不对人。想想看:面对意见,听者的反应越小,别人就越能坦诚直率。听者反应小、说者不纠结,这两个因素对于建立信任非常重要。接下来的挑战就是如何鼓励同事提出意见,还要避免让他们在过程中尴尬不安。

说到底，提意见只不过是看一看他人的工作情况，说一说自己有何发现。被别人提意见虽然有不好的感受，但也有一定的价值。

提意见的目的在于澄清疑虑、建立信任，而不是伤人感情，不过受伤也许无法避免。诀窍是不断努力，直到对方明白你提意见的初衷是想帮忙而非搞破坏。

斟酌用语，避免带上任何个人化的指责。在你习惯于更直接的交流之前，不妨把意见写下来，照着念几遍再提也不迟。

这样正式的回应看似尴尬，尤其是如果你不习惯在开口前打好草稿，更会显得笨拙。但其实，你表现得与平时不同就证明了你愿意尝试新事物，同时也证实了你想要改变原来的情况——迈出这关键的第一步，才能让你的同事认真对待你说的话，并且立刻照办。

三、如何切实表达与应对负面意见

无论是向对方提出负面意见，还是听对方给自己提负面意见，身在职场的我们有时做得并不到位。试试下面的方法，也许能够帮你克服这两方面的问题。

（一）如何更有效地表达你的负面意见

向同一级别的人提意见，虽困难但可行。虽然他们不必听你说，听了也不必照做，但如果选用方法得当，让他们接受意见的可能性会大幅上升。

1. 理解同情之法

表示你理解对方的感受，但你自己并没有产生同样的感受。这招适用于以下情形：你真心想了解某个人的意图，并且即使你有可能不赞同其观点，你还是会不断尝试去接受对方的感受。

这招用在生气的同事身上没那么有效，因为生气时他们自己都弄不清自身感受。但这么做也并非徒劳无功，说不定会是个良好的开端。认可他们的感受而不是一味责备，为以后有效利用这招创造了机会。

2. 共情同感之法

表示你理解对方的感受，是因为你自己正有同感或曾有同感。用这个方法可以在情感层面进行联络，也显示出你有一定的想法，探讨问题更深入。这招还能与潜在实干家开启交流——对方会为你接受了自己的观点而高兴，但还没准备好接受你的观点。

3. 不谈感情之法

暗示你不知道对方的感受，也不想去知道。这招最适合用于那些顾及自我感受胜过体谅你感受的人。这种情况下，可以同样不管他们的反应，径直提出自己的观点。用这招意味着你只想让对方接受你的立场，并且让对方明白：不达目的，你不会罢休。

（二） 如何面对别人给你的负面意见

当你面临的问题并不是要如何表达你的想法，而是要理解对方的意见、理解对方为什么会有这样的意见时，你可能需要调整一下做法。例如，在阐明情况时，先别急着暗示说对方的意见毫无价值，而是要听一听对方有什么具体意见。另外，在回应对方的质问时，也要注意不能过早地把责任揽上身。如果你还没形成自己的表达方式，不妨试试以下这些说法：

★我不确定你要我做什么事，要我在哪个时间前做好。
★我对这个任务充满干劲，但我需要更多时间来把它做好。
★我对现在的结果有些失望，因为原本我有更高的期望。
★我现在还没准备好怎么回答，需要一点时间来想想。
★我要先问自己的团队，再考虑执行你的建议。

四、 从鲜活的例子看坦诚交流的好处

对某些事的无知最终会伤己伤人。你不想别人对你隐瞒负面意见，想要他们实话实说，至少他们要让你知道事情出了差错。

诚实的交流即使让人一时火大，最终也会把人凝聚在一起，建立信任。

以下例子很好地说明了有话直说为何重要。

某大学的校长给某个系主任的绩效奖金比其他员工少，校长想表示对系主任的工作不够满意。要知道，校长办公室定下的绩效加薪最高有5%。

校长的想法是，当表现欠佳的系主任拿她的1%与每个同事的5%一比较，自然就会读懂背后的含义。

系主任解读出了两层含义，却都与校长想表达的风马牛不相及。

知道自己没达标，等着校长让自己辞职，结果校长来信说的是有奖金！你可以尽情想象一下她有多么震惊！

她先是觉得之前的自我怀疑太傻。然后，她意识到校长肯定知道她没有达标，但信里却没有提及。结论是：要么是他对此无所谓，要么是她老板太无能。

当然，这两个原因都不对。事实上，校长充分地意识到了系主任的不足，但他没有清楚地表达出自己的不悦。他很快就明白过来自己的策略出了岔子，接着专门约见了系主任，明确说出了对她工作绩效的不满。

她松了一口气，原来自己的老板并非无能之辈，只是不善于沟通而已。她立刻着手致力于绩效改进计划。没过多久，她也挣到了绩效全奖。

五、 如何开会探求敏感话题背后的真相

一起工作的人有各自的信条、价值观和习惯，一定会产生不同的观点和意见。对这些差异视若无睹、闭口不谈，作为未解决问题日积月累，只会竖起人为的屏障，扼杀有效的对话，造成不理解对方的好意而彼此分裂的局面。

问题越积越多，人就越是紧张焦虑。要让大家把这些说不出口的问题摊开来谈，一个有效的方法是定期开会，逐条解决。

首先请每个参与者匿名写出自己希望看到哪些问题得到解决，可以写在 7.6 cm×12.7 cm 的索引卡上。整理出一份总清单，然后让每个人按照愿意讨论的程度对问题进行排序。接下来是一起处理这些重点问题，逐条解决。第一次开会时间应安排在 90 分钟左右，好让参与者了解整个过程如何进行。

最为沉重的严肃问题放在榜首。沉重指的是话题高度敏感，从前无人敢提是因为对可能造成的后果感到恐惧。这类未解决问题由来已久，格外沉重。

讨论的顺序最好从底端开始，从最不敏感的话题讨论起，把较为沉重的问题留在后面。这个过程往往能让持反对意见的人意识到，自己可能并不"了解真相"，以及自己如果没有同事帮忙，就不可能发现事实。

在努力解决这些问题的过程中，潜在实干家学会了如何不

带偏见和批判地表达自己的担忧，如何把难题问出口，如何将一直在破坏团结的那些议题拿出来讨论。

当问题恶化到有可能引发两人相斗时，可以考虑安排一位不牵涉其中利益的协调员。

我们不妨参考以下例子。

> 两名危重病护士之间发生长期争执，协调员试图帮助解决她们的争执。
>
> 据主管称，发生争执的起因是，斯旺森护士似乎在抱怨说不想由马丁护士来照料她刚入院的母亲。
>
> 这就等于在暗示马丁护士不称职——至少马丁护士是这么想的。随后的几个月中，有人为故事添油加醋，导致事态愈演愈烈。
>
> 一群关心她们的同事安排双方见面，全程陪伴在场，才真相大白——整件事与专业能力无关，与临床护理风格有关。
>
> 斯旺森护士担心的是，母亲为人过分挑剔，会刁难这位轻声慢语、性情体贴的马丁护士。尽管斯旺森护士赞赏马丁护士的温柔，但她觉得这两人的组合很不妙。
>
> 斯旺森护士实际上担心马丁护士被母亲欺负，想让同事逃过一劫。双方了解真相之后，达成了今后要坦诚交流的共识。

谁都不喜欢在高度紧张的环境中工作。有关员工流失的研究显示，实干家会率先离开这种压力不断的工作环境。想想看这意味着什么：你的得力干将离你而去，另找和平安宁之地；你身边就只剩下性格过于敏感、做事效率不高的员工了。

六、如何建立向上传声机制并取得成效

向上传声指的是，与组织等级中有权采取行动的人直接交流。

研究显示，总经理工作不利的主要原因并不是缺少技巧和能力，而是对那些会对公司造成负面影响的信息毫无察觉或无从接触。

向上传声班子由专题小组组成，小组成员则是来自各个层级的、公认可靠可信的实干家代表，管理层需要听取一线人员的意见，一线人员与客户直接打交道，因此最能看出问题并献计解决。

为了让向上传声发挥作用，首先必须向参与者保证：他们发言不会有被报复的风险，他们说出自己的担忧也并非在浪费时间。

向上传声的整个过程分为以下七个阶段。

阶段一：奠定气氛。管理层召开会议、向员工保证——任何抱怨、报忧的人都不会遭到任何为难。

阶段二：收集信息。实干家组成各个专题小组，列举有哪些分歧与阻碍因素在损害公司绩效与生产力。

阶段三：分享信息。管理层审阅各专题小组的报告，可以

委任专门人员从旁说明或帮忙归类。

阶段四：优先排序。管理层与专题小组一起，把需要进一步探索的问题按优先等级排序。专题小组先去征询行动建议，再回来与管理层继续商讨。

阶段五：计划行动。管理层与专题小组一起，列出各自要对哪些事项采取行动，包括时间表与资源分配安排。

阶段六：跟进方案。管理层与专题小组分头开会，根据阶段五的各项承诺，展开具体的行动方案。等到阶段七再汇报结果。

阶段七：回顾进度。所有参与者定期碰头开会，报告进度、解决分歧、制订计划，以及一起讨论新出现的问题。

以下例子表明，利用向上传声的方法可以有效解决组织内部的难题。

美国中西部一家制造商，通过成立向上传声小组来寻找、形成并执行解决方案，每月减少了80万美元的产品废弃损失。他们的建议改变了产品与工程部门的运作方式，最终使公司业绩有了显著的改善。

美国加州表现最差的一个家庭支持部门，利用向上传声的方法来开展内部培训计划之后，排名从第五十二位一跃成为第一。他们取得了让人震惊的491%的增长，赢得了全国的瞩目。

美国最大的独立医学成像中心，通过成立向上传声小组，向董事会建议精简机构，最终机构人员减至原来的1/4，而丝毫不影响它诊断水平一流的世界级声誉。

成功的组织，正如以上例子所示，已经认识并领会到：让实干家参与向上传声的过程会带来种种好处。

第4章
实干家如何明确方向

在顾问工作中,我最喜欢的就是在员工上级不在场的情况下和一群员工面谈。我正是从这些会面当中了解到客户组织里的真实情况。让他们敞开心扉的方法之一,就是提出一系列问题,并通过员工的举手情况来得到答案。

我首先问:"你们当中有多少人不需要一个上级来告诉你具体怎么干活?"大部分人举手了。

紧跟的问题就是:"刚才没有举手的人当中,有多少是因为怕被你的上级发现这一点才没举手?"更多的手举起来了。

然后我说:"从举手情况来看,我认为你们根本不需要上级!对吧?"他们却不假思索地说:"不对!"声音在屋里回响。

我最后提出的问题就是:"如果不需要上级告诉你们具体要干嘛,那你们为什么还需要上级呢?"他们的答复总是"需要上级指明方向"。

员工，特别是实干家，头疼的是从管理者处得到的方向不清晰：这些管理者没有前瞻性，只会权宜救火。如果这种情况听着耳熟，敬请期待下文，本章将提供一些让你满意的慰藉和有用的建议。

在一个管理不严谨的组织里，做计划是一项麻烦任务，不被了解也不被感激。如果真的存在某项计划，那肯定是在去年的管理层招待会上匆匆制定的。如果你想看看这项计划书，也许能在某个不起眼的架子上的某个塑料文件夹里发现它，和多年以来的各项计划书一起积满灰尘。一项接一项，都在沉默中死亡，淹没在各种没有预见到的事情里，就像沉入大海一样。

这是否意味着，如果管理者高层不提供方向，你们这些船员就要淹死在前方的汹涌水域里？当然不。正如在海上航行一样，你自己必须继续采取行动前进，还要适应当时盛行的风向。为了让你的船员组保持在正确的航线上航行，你必须向他们展示如何提高反应速度、减少成本、改进效率并且适应变化。如果在你的组织中负责计划和指挥的人发生失调①，那就由你以及和你同等级的人来决定如何想办法自己找出路。

---

① 失调，英语原词是 dysfuction 或 dysfunctional，指"运行不正常，难以正常发挥功能"，本书中可理解为"不能正常履行职责"。

一、 对造成方向不明的管理层有所了解

（一） 管理者的失调行为

如果你接受"工作单位里总有失调的人在"这一点，那么有一些失调的人恰好"漂"到了上层也就不奇怪了。尽管管理学不够重视失调问题，但我们可以看见职场上总有失调的人在，每一个层级都难以幸免——从最高层的管理者到等级最低的下属。他们的失调水平，加上他们在组织内的权力，决定了他们的行为能有多大影响力——也决定了你对他们的行为能有多大影响力。（失调问题的探讨见第9章）

比起与一个失调的下属共事，应付一个失调的上司确实困难得多。两者对组织的冲击也不可同日而语。

下属级别的失调会影响生产、客户服务、质量、物资、损耗、周转、安全、旷工等问题。这些都是典型的绩效相关项，可评测、易改变，只要下决心就没问题。

上层失调的表现形式则更加险恶，例如偏袒徇私、种族主义、性别歧视、裙带关系、任人唯亲和年龄歧视。这些组织特征会影响职场价值观念和职场文化。而且这些因素还很难测量、很难改变——尤其是从下往上去改变更难。

居位越高，失调问题越是和权力有关、与绩效无关。在其位尽其责的主管，运用权力来推动各事项进程，克服各种障碍，克服人们抵御变化的心态，并且督促人们把工作做好。他

们重在通过个人的工作成果来成就组织的整体绩效。相反，失调的高层人员则运用权力来阻挠各事项的进行——在此期间则努力研究：事成如何争功，事败如何免责。将早先大家都同意的行动方案无故延迟，显然是管理者失调的标志；忽略下级的建议，随意做出决定却没有解释，也是失调的上司的又一个标志。

一个组织的生命、宗旨、原则、风格、价值观念和道德规范，都是由上层的人来塑造的。任人唯亲的主管会忽视少数派，提拔能力不足的下属，找有回扣的供应商签合同，从而形成失调的组织文化。这种行为明显打击了员工的士气，但要让他们承认这一点却很难。

（二）管理者工作失调的原因

你也许会想：这种工作失调的管理者是怎么升至高位的？你也清楚自己在晋升过程中不会发生这种问题。我们接下来会探究他们这些行为背后的原因，要记住这些人不是坏人，只是不足以胜任管理者一职。

有些人是"彼得原理"的受害者——在各种组织中，由于习惯于对在某个等级以上称职的人员进行晋升提拔，因而员工总是趋向于被晋升到其不称职的地位。在那以后，除非他们交到了更高一层的朋友，否则无法再向上一步。仰仗朋友也是可以往上爬的，正如那句老话所说：不看业绩看人情。

并非所有失调的主管都是在朋友的帮助下晋升的。有些人得到提拔的方式合理合法，而且通常值得赞赏，靠努力工作和自我牺牲而立下汗马功劳。但现在他们到达了顶点，却已经燃尽了才华。他们想要好好躺在功劳簿上歇口气。他们早已"曾经辉煌过"，现在已经没有什么拿得出手了。

另一种确实有才的管理者是因为特殊知识和技术能力而晋升的。不幸的是，他们的独特技能到后来变得不稀罕了，也没有了用武之地。像这样的管理者，正是陷入了"无心无力"的阶段（具体参见第6章）。换句话说，他们不知道自己不具备某些知识。而且，他们可能还不在意这一点——他们已经得到了职位和待遇，干嘛还要再努力一把呢？

还有一点很重要：意识到自己的一些行为也有可能造成上层的失调。你也许会问：这怎么可能呢？当然可能，比如说作为中层，你不让上级知道下属的评论、批判或担忧，或者在信息从下往上传递时自己添上一笔，都有可能导致上层的失调。这些错误的做法早就变得十分普遍，多得都能顺手拿来开玩笑了。

是，也许是很好笑，但同时也是对管理高层的悲哀注释。说"高处不胜寒"的人，肯定执掌过某个毫无方向感的工作组织。如果上级是根据受到污染的底下信息来设置航线、操控船只的，那么，船搁浅了也不能全怪上级。

二、从两种信息流动模式看懂组织运行

两种组织类型,一个运作良好,一个失调,看下面的沙漏就能一清二楚。把沙漏想象成你的工作组织,沙子代表由上而下流动的信息。

如果把信息流倒置过来,你们组织的各层各级会出现怎样的面貌?换句话说,这么一来,信息分享的潜力有多大?

如果信息能在高层和基层之间自由流动,就像竖着放的沙漏一样,那么这个组织就是运作良好、重视计划的那一类。

但如果两边的信息都闭塞，就像横着放的沙漏，那样的话，这个组织大概是失调的。居于两端的人分别掌握部分信息，但他们之间没有信息流动。所谓的计划——如果有的话，也是互不知会、孤立地在进行。

一个运作良好的组织，其中层总是备受压力：上头的信息通过中间管道而挤到下边，然后下边再反弹回去。好消息是，对于在一个运作良好的工作环境里的实干家来说，即使面临两端的信息流动压力，他们仍然能够指望这些信息里包含有：符合实际的时间管理、合理的目标、明确的优先项目、可评测的期望值，以及清晰的前进方向。

在一个失调的组织里，成员灰心丧气的程度通常很高。上层有压力，就以方针指示、最后期限和纪律处分的形式转移给下层；下层有压力，就以投诉、质疑和担忧的形式送去上层。一般来说，那些身处"横放的沙漏"中间的实干家知道的信息很少，但其他人指望他们做的事情很多，这就是他们受苦的其中一个原因。

如果你也是这种情况，那么你大概会觉得束手束脚、无能为力。但其实不然。如果你真的想要改变一下这种状况，是做得到的。后面我们会讲到。

失调的组织一般对拟订计划没什么兴趣。在组织明确其存在的意义、具备的条件、面向的人群以及希望达到的目标之前，其领导和追随者的工作都会照常继续。

与其等待，不如自己制订行动计划，可以给自己影响范围内的人提供他们所要的方向。

三、 实干家需要计划舵轮

几年前大家都在忙着改进时间管理。时间管理研讨会和有关书籍都在倡导：加把劲就能把时间管理得更好。大部分出席研讨会的人都是被平时浪费他们时间的上司派去的。没用多久，与会者就看出了"时间利用效率低"和"上司无能"之间的联系。

运用时间管理的技巧后，实干家的效率确实提高了。不幸的是，这对管理层起了反作用。这些创新措施的实施正好揭露了：管理层缺乏计划，无力应付较短时程和多个优先项目。

为了克服这种缺陷，可以考虑由自己负责，让一个想法通过计划、研发、生产以及产品服务分配的各个环节来最终实现。下面的计划舵轮模型，能够帮助像你这样的实干家解决方向感缺失问题。

（一） 计划舵轮的好处

面对经济的不确定性与技术进步等各种因素的汇集，决策者发现，要跟上这个不断变化的市场可谓越来越难。负责制订方向的人员表示，正式的计划永远赶不上快速的变化。

一个组织如果没有计划，甚至连一个计划过程都没有，其愿景、任务、目的与目标也就无法适时更新。这就意味着，实干家没有可靠的办法来确立并达到绩效预期，只能凭感觉行事。

如果管理层在引航时任凭命运之风摆布，船就更有可能搁浅。在听天由命之前，实干家至少可以根据自己那片责任海内的常变洋流，标绘出相应的航线。

像"计划舵轮"这样的计划过程，能给你的未来行动提供方向，并且发挥决定作用。计划一旦发表，所有与你共事的人都能知道你的方针。

如果没有一个清晰的、公认的方针，人就容易失去方向感。你会对未来感到困惑，引领你前进的领导、跟你一起挣扎的同事、指望你提供指导与方向的下属也会和你一样困惑。

公布方针主要是为了确立一条有意义、可衡量的绩效预期基线。实干家很清楚：只要自己懂得"把组织方针弄明白了，才能改变组织"的道理，制订方向就没那么难了。方针一旦确立，接下来就只需化外部压力为动力，向着未知的水域破浪前进。

如何在责任领域内把计划舵轮用好，首先要考虑怎么填下面这个空：你现在所在小组、大组、部门、支部或整个组织的方针是_____

_____。

如果你的回答没花多少时间，解释起来很容易，而且充满希望，那么你所在的工作环境就是方针导向型的，方向明确，前途光明。计划舵轮在你既有能力又有信心直面挑战时，会帮助你一直保持专注。

如果你过了很久才做出回答，表达起来很困难，而且感到困惑，那么，你所在的工作环境就是性格导向型的，方向不明，前途渺茫。计划舵轮会为你提供所需工具，帮助你缩小现实与梦想之间的差距。

（二） 计划舵轮的构造

计划舵轮，具体见下图，是个形似舵轮的现代管理模型。舵轮控制了舵，因此控制了船的方向。舵轮的中心点是轮毂，代表的是"航海"方针。从轮毂伸展出来的各条轮辐，代表沟通渠道，连接轮毂与轮缘。轮辐与轮缘的八个交汇处是八个着力点，每个点的行为都要遵照方针的方向指令，并报告观测结果以调整航向。

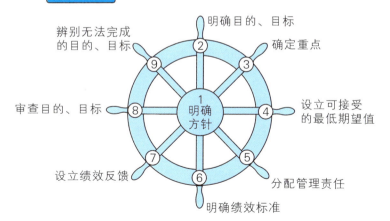

在研究计划舵轮各点之前，最好先弄清楚：为什么在你这个级别的人要多些了解这种运作？这通常都是留给高级管理层来做的，又不是你的工作，何必操心？原因就是，当时机到来时，你可能需要知道该怎么办。例如，当工作环境出现异常时，就是你担任领头羊的最佳时机。这有助于你晋升至自己真正发挥效用的位置。

1. 明确方针

明确方针是制订计划的策略中最关键的一环。一个明确的方针，宣告你的存在有何意义、你能贡献什么、你希望为谁服务、你期盼获得什么。没有这个明确的方针，就会浪费大量时间、人力与物力，同时每个成员都只做自己的事。为了起到效果，计划策略既要为你们团队提供蓝图与方向感，同时也要保有灵活应变的能力。

2. 明确目的、目标

目的、目标规定了你们团队要完成的工作量或任务数、所需时间、所需精准度以及应有的工作表现举止。目的描述了一个个具体的靶子以及预期的命中率。目标提供的是符合组织大方向的个人小方向。

3. 确定重点

排序可确定每个目的与目标的重要性。由此决定各项具体行动的顺序。当资源有限、期限迫近时，有了事先界定清楚的一套重点，实干家就能判断哪些目的最重要、哪些可以先靠边。有了轻重缓急，你们团队就能计算出备用方案的成本效益。一旦收到通知，就能通过调整优先次序、新目的与新目标，从而快速、顺利地应对变化。

4. 设立可接受的最低期望值

如果没有一套最低要求，你们团队在为优先事项忙碌时，可能会忽略一些稍轻稍缓的重要任务。而达不到每个任务的最低要求，正是导致瓶颈、停产与怠工的主因。懂得如何平衡最低限度与优先事项，对你们团队能否达成目的、目标至关重要。

5. 分配管理责任

找人承担管理责任的一个方法是，向上司提交一份精心制作的计划书并表明：除非有其他指示，否则你打算按该计划行事。上司对责任问题思考得越久，你就越有时间证明自己的想法有价值。上司一旦看到成果，定会站出来表示愿意承担这份责任。在这之后，如果你知道哪些办法会起作用，就能够自己对事情负责。如果你还需要更多时间来测试自己的想法，就把责任向上交付给管理层。

6. 明确绩效标准

懂得在哪些地方集中精力，对于得到预期结果来说至关重要。实干家需要知道用多少时间、人力与物力来达成每个绩效目标。他们还需要知道有哪些指标在衡量他们的表现。硬指标，譬如预算、定额、误差、利润、销售额、费用与期限，可以用来衡量效率。软指标，譬如满意度、体验、信心、态度、价值观、精神与动机，一般用来衡量效力。

7. 设立绩效反馈

你们团队的成员很想知道自己表现如何，特别是自己是否完成了绩效目标。反馈必须公平、客观、及时，否则就没有意义。保证公平的一个方法是让更多观察员参与其中。如果报告所含的观察结果不仅来自监督人，还来自同事、客户、供应商与其他部门的员工，那么这份报告可谓"360°全方位无死角"，给出的观点也更加客观。

8. 审查目的目标

通过检讨绩效预期，应该能找出哪些目的与目标难以做到、哪些相对容易。利用这个好时机，也可以将目的不明或目的相悖导致的副作用一一找出。队里有些成员可能不堪重负，而其他人需要的则是更大的挑战。对达到或超出目标的人要给予肯定；对结果低于预期的人，要提供培训等矫正补救方案。

9. 辨别无法完成的目的、目标

仔细研究，看看是哪些办法并未取得效果，尝试判断能做些什么来改变结果。齐心协力，讨论是哪些目的、目标在浪费时间精力，判断这些目的、目标是否值得继续投入。如果该目的是否达成依然很重要，则要找出阻碍成功的原因，并想方设法移除障碍，或减轻它们对生产的影响。

（三）计划舵轮的运用

懂得使用计划舵轮后，你不仅可以视自己为实干家，还可以把自己想成是计划者。你可能没参与最初的计划，但只要上级有任何疏漏，你就可以填漏补缺。

等到你把计划舵轮走完一圈后，无论是组织的方针或是你的角色，也许已经发生了轻微变化甚至是巨大改变，这取决于命运风向如何。如果你的方针变了，那么你可能需要把某些目的、目标的相关工作停下来。

这是中途校准航向的最佳时机。通过摒弃没有效果的做法，引入更适合改进后的方针的新做法。即使方针没变，不出成果的目的、目标也不该继续。你的团队得知你愿意放弃某个不该继续的目标，也会感到欣慰。

计划舵轮的八个着力点让你们能够经常交流、检阅信息。正是这种双向互动，赋予了计划舵轮灵活性，可以一次次地评判调整既定方针，以对付变化。

任何一个着力点都可进入计划舵轮。例如，领命加入新团队的你，可以直接从阶段八入手，审查现有的目的、目标。如果他们已有目的、目标，你可以评判目的、目标的执行情况，并好好支持现有的工作流程延续下去。

如果他们并没有明确的目的、目标，你就可以进入阶段一或阶段二。无论哪个阶段，都要注意给人留下良好的第一印象。把新团队团结在计划舵轮的周围，十分有利于你建立起实干家的形象，同时提高最终产出。

每当工作做得不好或是团队感觉不妙时，他们很可能正在做方针范围之外的事情。除非他们有明确的方针，否则会很容易被卷入徒劳无功的工作里。

上层可能发现不了这种情况。通过了解自己和其他实干家在计划中的定位和作用,你已经拥有了对上层非常有用的信息(见第 3 章最后一节:如何建立向上传声机制并取得成效)。

第 5 章
如何提升工作圈合作水准

我们的教育系统，教导学生为了获得认可与奖励而互相竞争。在整个性格塑造期过的是上课集体上、考试个人考的生活，毕业生很难适应从校园到职场的转型，原因是，先教后考变成了先考后教。

入职考试只注重自我成就能力或独立自主能力。与人分享自己的知识被视为作弊，"作弊"时被抓包就会受罚。

年轻人一直没有摆脱学校里的这种模式，他们为了被人接纳，会倾向于加入与自己外表、思维及言行相似之人组成的小圈子。

小圈子就像是自有一套思维模式的微型社会。当小圈子的目标与其他工作小组不在一条线上时，绩效与生产就会下滑。如果这一情况没被发现，组织内部就会失调，因为员工缺少共事的信心、能力和欲望。

下面的例子里某个为此懊丧的 CEO 就试图打破这些只为

自我服务的小圈子,把人员重新编入合作式工作小组,以提高整个工作圈的合作水平。

> 罗恩受够了生产部内的破坏性竞争。这些几乎全由新员工组成的各个小圈子,自以为是地去找前辈的麻烦,在多个重要的装配点扰乱工作流程。过去有不少实干家在团结队伍,现在他们不是已经离开就是准备走人。如果罗恩想扭转局面,则需要重新召集余下的实干家,赋予他们权威,让他们率领队伍做出改变。
>
> 无可奈何的罗恩把各部门的主管召集到会议室,把所有监督人按过往表现整理成榜。在阐述了打破现存小圈子的决心之后,罗恩让主管们以 NBA 选秀的方式选出新的监督人——留下最好的,踢掉不好的。部门主管清楚这赌注很大,每到自己的选人回合都留心选择了还在榜上的实干家。没被部门主管选择的监督人则被视为绩效欠佳,要么降职要么请辞。

一、 新人融入需要实干家辅导

受到同事什么样的入职欢迎,很大程度上决定了新人加入团队的感觉。还记得第一次入职或调入新岗位时有多么忐忑不安吗?一开始,你并没有归属感。可能觉得有点被疏远、迷茫、失落。过了一段时间,如果没人给予你指导或支持,你就开始怀疑自己的选择是否正确。而怀疑得越久,你对自己和自己的工作就越没自信。

厄尔接受了一家快速腾飞的生物技术公司的职位。他对自己能为公司做什么贡献有很高期望。他到职已经一个星期，却没人跟他说过他的部门目标是什么、眼下他的工作目标有哪些。他对自己将要进行的项目仅有模糊的概念。

当他向同事请教自己桌上的项目文件时，却被告知："你是天才，你自己搞定吧。"没过多久，厄尔收到组长的电子邮件，责备他误了某个重要期限，但这个期限他其实听都没听过。

厄尔感到很不舒服，觉得自己格格不入。似乎没人注意他的存在。他作为新手似乎受到了欺负。他来的时间不是很久，意味着他要么什么都不懂，要么他会的东西没多大用。不游则沉——取决于自己，结果，他一沉到底。

与厄尔形成鲜明对比的是艾米。像厄尔一样，艾米新到岗时怀着很高的期望，对自己的定位和作用了解得不多。她的疑虑很快被打消，因为她的同事互助辅导员用了整整一个下午来向她说明职责范围，并让她了解部门的目的与目标。随后，同事带艾米到处见其他队友，而且这些队友似乎很了解艾米的背景情况。艾米受到了真挚的欢迎。

艾米很快就处理起各项既有成就感又有意义的任务。两周过去，她下班回家时已经明白自己是个受重视的队员了。

艾米的同事采用了正确的做法，给予她身为队友应得的尊重。他们向她说明了她有哪些职责、她的工作如何为团队目标做贡献。另外也把她介绍给其他工作部门的未来共事人员，让她感到非常满足。换句话说，整个团队都聚拢在她周围。

厄尔的同事没有尊重他的才干，而是让他感到孤单。他们并没有认可他在队里的位置。工作目标明明有交集，但他身边的人却各做各的事，结果成就不大。他的同事没有团结一致，而是各自分裂。他对繁荣的未来已经不抱希望，一心只想离开。

艾米这边，硕果累累；厄尔那边，志向、才干皆白费。区别就在于各自的同事辅导员能否让新人快速找到自己的定位、迅速寻得工作满足感。艾米的同事做得不错，厄尔的同事做得不好。

实干家拥有所需技巧，一切任务都能表现优异。通过任命实干家为同事辅导员，传授这些技巧，公司就能把推行个人主义的"小我"精神换成培养团结协作的"大我"精神。

二、 实干家如何担任同事辅导员

公司任命实干家为同事辅导员会带来许多好处，然而担任同事辅导员可能并不轻松。不过当你看到同事们越来越熟练地合作解决问题时，就会感到自己的付出得到了回报。但是要记住，最需要你指导的那群人，恰好是最不愿意去解决问题的人，除非他们相信会有好结果。他们认为解决问题要冒很高的风险，怕会自找麻烦甚至危及饭碗。因此，你要小心行事，还要耐心等待。

这些满足于现状者不像实干家那样寻找机会改善现状，而是保持低调、很少主动。如果是他们负责解决问题，他们只想用自己能接受的方式来闭门造车。一旦敦促他们遵守截止时间或提出任何反馈，他们很可能会沉下脸，翻来覆去地用刻薄的语气说"少来指手画脚""啰嗦"。这些不商量不合作的单独行动，是导致大部分意外后果的根本原因。

（一）从意外后果入手

当你着手解决在自己影响范围之外的各种问题时，往往不知从哪里下手。一般来说，如果不是有哪个紧急任务要马上处理，那你要做的第一步，就是先带领辅导对象列举意外后果。所谓意外后果，指的是事情的结果达不到预期。

作为被任命的同事辅导员，你要带辅导对象抽个时间做这个练习。可以运用本章附录里的"问题解决四步骤"当作你们的模板，按步骤把细节写下来。千万不要急着解决问题，应该等调查完成后再开始。以下有几个别人的例子可以让你们练练手：

> 为了鼓舞士气，管理层决定成立公司棒球队。负责订体育用品的人对棒球并不熟悉。他假定大部分选手是右撇子——这

点倒是没错，但他错误地以为棒球手套是戴在用来捕球的那只手上的——与事实正好相反。结果他把一大堆左撇子手套发下来，球队自然大吃一惊。

农产品店的某个店员一是对牛油果不熟悉，二是对易腐坏产品的处理方式不懂行，结果他把刚到货的一批牛油果放进了冷冻室。顾客们看到报纸说牛油果好吃又健康，纷纷前来，把牛油果一扫而光。但很快他们就回来退货——大家把牛油果切开后发现果肉早就变黑，大倒胃口。

新装的工资单自动系统把年终奖金视作每月都有的加薪。这一错误让它把许多员工当作高收入者，多扣了应缴税额。员工们拿到0元的工资时惊呆了，因为被扣掉的税额比当月工资还高。工资直接到账系统也一塌糊涂，因为它无法把数字0作为一个款项来处理。

你们想要列举自己所知道的意外后果时，还可以参考第9章的"失调行为核对表"来帮助回忆意外后果。

（二）运用责任表法

组织的意义在于创造这样一个场所：让彼此合作所取得的成绩能够胜过单打独斗。《团队精神是一项个人技巧》的作者克里斯托弗·艾弗里说得好："善于通过合作来取得更多成果,对提升自我价值也许是最重要的唯一法宝——无论你的权威大小。"

把大家团结在一起组建队伍,就像在海滩上建沙堡。海水一涨潮,沙堡某一部分就被冲跑,需要重新建造。一个大浪打来,整个沙堡垮掉,只留一个轮廓。不停地开建与重建正是同事辅导员所要面对的挑战。

克服这一困难需要采用一套新的理念——有了这套新标准,队员可以通过同步合作完成同一任务而相识互信。本书第1章中帮助打造任务型关系的那套指导原则,也可以用来帮助潜在实干家做好准备,迎接合作。

关系一旦开始形成,我们只需要想办法把一个个独立分开的人团结在一个共同任务周围。好在办法是现成的,叫作责任表法(Responsibility Charting),实用又易用。下面介绍的是:如何在你的影响范围内引入责任表法,以提升自己作为同事辅导员的作用。

1. 责任表法介绍

要理解责任表,最好是从你们列举的意外后果中选一个案例作分析。列出案例中每个人本应执行的各种任务,以及完成任务时应遵循的顺序。然后,在每个人的名字旁添加一个表明其职责的缩写:

R(Responsibility,责)——R 负责完成任务,这个人对采取行动负责。一般来说,每个任务只有一个 R。选出来的 R 需要理解并接受预计的各种绩效表现标准,包括预算、时间线、生产标准，以及对圆满完成这次任务起到关键作用的任何其他因素。

A（Approval，权）——A 批准之后 R 才能行动。这清楚地说明，R 在行动前需要与自己的上级协商，并得到上级的批准。R 还需要向任务中的 A 确认事宜，由 A 决定 R 可以进行到哪种程度，然后 R 再汇报取得了什么进展。

C（Consultation，谋）——C 是参谋。任务中有一个或多个 C，显然 R 不是一个人在作战。C 需要了解他们将要投入的时间、人力与物力，想要了解透彻，最好有 R 和 A 在场。所需资源获批后，就只有 R 和 C 需要参加任务会议以节省大家的时间。

I（Information，知）——I 需要从 R 处收到任务进展的最新通知。I 只需要接收信息，不需要在 R 落后于计划或达不到预计水平时收拾烂摊子。I 也不需要参加任务会议，因为 R 会随时通知他们——责任表法又一次展现了省时的特征。

责任表

	张三	李四	王五	赵六	钱七
任务#1	C	R	A	I	I
任务#2	I	C	A	I	R
任务#3	R	I	A	I	C
任务#4	I	C	A	R	I
任务#5					
任务#6	R(责)——负责采取行动 A(权)——行动前给予批准 C(谋)——行动中提供参谋 I(知)——行动后接受通知				

当你用相关知识武装自己,懂得如何纠正意外后果时,你就能与其他参与人分享自己的发现。带着他们把责任表法的流程过一趟,会让他们意识到:要获得想要的结果,需要有其他同事的信息情报和专业技术;与这些同事合作交流,对每个人都会更好。

2. 责任表法活用

责任表是一个实用的提效工具,有多种用法。

(1) 政府机构责任表实践

某个以绩效低下著称的政府机构迎来了新领导,新领导想要扭转这一局面。调查显示,该机构的人员每天平均要用40%的时间来开会,试图纠正其他部门造成的差错。会议大部分时间用来推卸责任、找碴挑错、指责不在场的人——不在场的人当然无法为自己解释或辩护。

新领导做出一个大胆的决定：暂停一切员工会议，指导员工使用责任表，要求在采取任何行动之前，都要明确、对应、分配好各人的角色、关系与职责。

不久，全体员工都不再把时间浪费在争论谁应该做什么上面，而是沉浸在高绩效的团队合作之中。不到一年半，他们就从全国 58 个机构中的第 53 名跃居第一，受到全国瞩目。

除了明确组员构成以及各自任务以外，责任表还有助于追踪每一任务的进展情况，另外还可用来评估组员对每个已经出来的结果所做的贡献。在几个任务中担任过 C（谋）的人，可能已经准备好在下一个任务中独当一面。这是一个妙招，可以培训潜在实干家承担更多责任、懂得合作之益。

由于责任表为组建队伍提供了团队结构，因此也能用来开展新项目或把脱轨项目带回正轨。将项目参与者的任务综合起来制成责任表，能够澄清错误的认识、情报与沟通。责任表既简单又有效，确实是个了不起的工具。

（2）大型组织的网络责任表

拥有多个工作地点的组织一般会有一个网上的责任表自动化系统，让项目领导在虚拟世界召集团队而无需在现实中碰面。他们在网上讨论任务、咨询参谋、互相通知。

这种虚拟的、较为繁复的方式适用于较为复杂的大型组织系统，一是出于做记录的需要，二是基于队友可能无法在现实中碰头的情况。

（3）小型组织的口头责任表

规模较小的组织通常更喜欢简单一些、不那么正式的版本。

例如不采用字母标记，而是用"帽子"来口头明确各人角色。比如，你和同事们讨论某个棘手问题时，突然有人向你问道："你会怎么做？"

当同事们在听你作答时，他们之中有人认为你在用主管的身份说话，因为他们把你看作戴着"权之帽"的同事辅导员。由于你一贯拥有实干家的形象，有些人认为你正戴着"责之帽"。其他人觉得你戴的是"谋之帽"或"知之帽"，而你只是在提建议。在这种情况下，表达不清则容易引发角色混乱。

在大家还不熟悉流程的情况下，避免角色混乱的最好办法是说话前强调自己头戴何"帽"。告诉你所辅导的同事，有疑惑时可以要求澄清，不可以暗自猜测或想当然，因为那只会带来更多的意外后果。

3. 责任表法的其他好处

责任表为低绩效者注入全新能量与清晰目的。随着他们对自己的责任有了更多重视，发生困惑时就会互相依靠。了解了如何运用这一多功能工具，你会发现：以前公认的低绩效者，已经准备好了要负责把事情做对。这样一来，任务分配会变得更加公平，进而提高合作水准，最终促进生产力发展。

三、高、低绩效者组合如何提升合作水准

在当今复杂的组织里,管理者发现:要让员工共同制订出一套目标,不仅难度高,还会频繁地破坏正常工作流程。这其中的挑战在于如何将各人的观点和期望融为同一个愿景。

阻挠员工统一共识的主要障碍是各人态度和各人行为的差异。例如,高绩效者(实干家)很愿意分享自己的观点,热切地与他人探讨想法。低绩效者则不怎么信任这种开放式的研讨,他们在团体环境里不是保持安静,就是做出不真实的回应。因此,要让这些人负起自己的那份责任并不顺利。

说到赋予责任,员工分为两种类型:接受者与逃避者。本章前半部分介绍了责任表法,用以记录追踪哪些人有责、哪些人无责。大多数情况下,低绩效者会逃避责任。如果你允许的话,高绩效者(实干家)会承担更多责任——因为他们可以从容应对。但与此同时,低绩效者只是坐享别人的劳动成果,会导致团队进一步的分裂。

发现这些行为差异时,有些管理者只是简单地责备低绩效者,并且设法换人。但这种"赶走组织里所有低绩效者"的做法,即使真有可能做到,也不是我们要找的答案。一种更好的解决方案是学会如何用好这些人。

（一）了解低绩效者与高绩效者的心理差异

首先，设法了解他们行为背后的原因，这点很重要。低绩效者从小就经常被周围的权威指出缺点。因此，即使只是善意探讨问题，也会激起他们对受到惩罚的本能恐惧。他们怀疑，任何团体会议的伪装之下，其实都是为了找到受责备的对象并欺侮那些犯错的人。这样一来，他们就会强烈抗拒在公开情况下自我揭发。他们需要先学会欣赏相互了解的好处，才会愿意参与信息分享的过程。

你对职场行为研究得越多，你就越了解为什么低绩效者对团体讨论有负面感受。团体决策让他们想起了校园运动场边的可怕抉择。作为孩子，他们宁愿放弃比赛机会，而不是去冒落选的风险。进了职场也一样，他们对被拒的恐惧胜于对参与的渴望。

对实干家来说正好相反，有机会参与比有可能被拒更重要。如果一个团体不要他们，他们就去另找一个接纳自己的团体。实干家把团队视为了解自己与他人的好地方。他们把得到同事反馈视为自己加入团体的好处。实干家有意去探索别人对自己的看法。如果团体对自己有负面看法，那就努力改善自己，争取认可，或另外寻找一个赞赏自己为人处事的团体。

显然，这两种员工之间的鸿沟正在扩大。由于要员工"用更少资源做更多工作"而带来的越来越多的压力，会导致这一鸿沟在未来进一步加大。缩小这一鸿沟是管理层的职责。

只要你懂得留意相关迹象，察觉这一鸿沟并不困难——只不过是观察人的行动罢了——下次团体会议时，你把协助工作交给别人，自己集中注意力观察每个人如何提出观点、如何给出反馈。

（二） 用团体接纳协议改善低绩效者的感受

主流管理方法只能在高绩效者与低绩效者之间架起桥梁，即仅仅为这两个截然不同的小群体提供沟通纽带。但是，为了真正做到缩小鸿沟，你其实需要在避免引起内部反对的情况下去寻找共同目的。

方法之一就是制订团体接纳协议。团体接纳协议最好采用书面形式，建立一个平台，促进团队内部的互相学习与互相了解，不对人妄下论断，也不强求最后达成一致。接纳，对于提高低绩效者在团体内的安全感期望值而言，是一个重要因素。低绩效者如果能够受到接纳，无需改变自己来换取归属感的话，就更有可能认同别人的看法。

1. 团体接纳协议的设计指南

团体接纳协议设计起来其实不难，所有与会者参照以下指南，可以为低绩效者创造一个安全的、相互支援的团体环境，让低绩效者也有机会实践"负起一份责任"的理念：

项目	方式
①保持专注	• 遵守章程 • 不讨论无关话题 • 一次只讨论一个话题 • 每一点都讨论充分后再换话题
②发言谨慎	• 只分享第一手资料 • 真实叙述事情经过 • 避免对人吹毛求疵 • 寻找一切事实
③立场公正	• 兼听一切想法与建议 • 不反对或支持某个建议 • 表达想法时避免用手势 • 不代人解释其想法
④意义求解	• 有问必答 • 鼓励点评、提问与澄清 • 找出发言内容的精华 • 要求举例说明
⑤不带私货	• 以会议为重,以自己为轻 • 心态开放,接受一切结果 • 压下个人事情,会后再议 • 会上不游说他人支持自己
⑥认可他人	• 鼓励沉默者发言 • 用心听别人说话 • 每个人发言后都要暂停 • 通过复述大意,让发言人知道听众确实在倾听

（续上表）

项目	方式
⑦全心参与	• 不要窃窃私语 • 不要打断说话人 • 限制打电话、发短信 • 要有多次间隔休息，让人保持清醒
⑧信赖程序	• 不在会议开始后临时提出修改程序 • 发现原定程序行不通，要集思广益 • 询问其他人感觉如何 • 解释自己认为程序行不通的理由

2. 团体接纳协议在实践中的好处

采用团体接纳协议的管理者发现，这种方法极大地提高了团队成员对组建队伍、共同决策、集体解决问题、合作化解矛盾的接纳度和执行度。最大的好处是，团体接纳协议的参与者在有安全感的环境里学会自我思考、自己解决问题，不必事事依赖管理层来指导自己。

你已经为低绩效者装备好了新技能，是时候让他们承担更多的责任。更合理的责任分配会带来更高的绩效水平，也会改善队内平衡、巩固人际关系。

附录：问题解决四步骤

步骤一：找出原因
1. 简要说明哪里出了问题。
2. 搜集资料：何时何地发生什么问题，过程如何。
3. 探究有可能引起这次问题的因素。
4. 选出其中最有可能的原因。
5. 测试各种假设——该问题会不会再次发生？

步骤二：得出选项
1. 确定问题归谁管。
2. 确定想要的结果。
3. 将可行选项排出优先顺序。
4. 向备选方案所涉人员征询意见。
5. 选出最有可能起作用的解决方案。

步骤三：执行方案
1. 搜罗一切反对意见。
2. 集思广益找出潜在威胁。
3. 判断每一个威胁的严重性。
4. 估计出现负面结果的可能性。
5. 明确权能责任，阐明身份关系。

步骤四：评价结果
1. 设置时间表与衡量标准。

2. 设赏罚以监督执行情况。
3. 确保采取了恰当的行动。
4. 跟进情况,看问题是否解决。
5. 记录结果。

第6章
如何实现有用的学习

本章讨论的是两个重要领域的学习：一是工作要用的知识技能，二是担任领导者所需的能力。

一、有用的知识技能学习

即使是实干家，有时候也会缺乏精益求精的动力。状况不妙时需要有人提醒他们：工作的目的方针就是不断地改善出品——无论是产品还是服务。

但有时他们偏偏就没有这种改进的欲望。发生这种事情时你会怎么做？你可以等到他们重燃斗志为止，或者你可以教导自己影响范围内的人成为自勉型的学习者。

假设你选了主动出击而非被动等待，那么你首先要问他们的就是：是否意识到改进的必要性？

假如答案为否，先把这个首要问题解决掉。

假如答案为是，下一个问题则为：是否有动力学习新技能？

假如答案为是，那就提出为他们辅导与培训。相反，假如答案为否，你的目标就很明确了：通过让他们意识到自己究竟有哪里不懂、为什么需要学习这方面的知识技能，从而帮他们为学习做好准备。

如果学习者在听课之前就充分意识到自己的短处，学习的过程就是一次鼓舞人心的体验。他们也会因为能在工作中运用新技能而充满活力。

当公司在竞争对手面前节节败退时，管理层应探讨自家产品或服务对客户的吸引力为何降低。管理层还应该从自身能力上找原因：

- 我现有的知识技能可以撑到何时？
- 六个月或一年后，我需要具备哪些知识技能？

自我检查是有益健康的行为，是激励一个人学习新知识、新技能的主要方式。

一般来说，低绩效者若无外部刺激就几乎没有学习兴趣。了解学习具有哪四个进阶，对领导层而言非常有用。懂得了这一点，你就可以戴上"激励者"之帽，在一些绩效最低的追随者屁股下面点一把火，激起他们的学习热情来。

（一） 了解学习的四个阶段

阶段一：无心无力（Unconscious Incompetence）

他们没意识到自己可能正在犯下代价高昂的错误，或是工作质量太差。这种让人无法接受的行为，别人都看在眼里，他们自己却没看出来。他们无法胜任工作的可能性很高，因为没有学习新技能的动力。

阶段二：有心无力（Conscious Incompetence）

他们忽然发现自己的绩效表现对生产有负面影响。他们清醒地甚至是痛苦地意识到自己的短处。现在正是提升他们技能的好时机，因为他们的学习热情高涨。

阶段三：有心有力（Conscious Competence）

他们现在处于舒适区，为学到的新知识而高兴。他们克服了逆境，提高了绩效。他们自豪地寻找机会展示新习得的技能。他们学习的动机得到了满足。

阶段四：有力无心（Unconscious Competence）

他们在工作中几乎没考虑到要为新的挑战做准备。他们对自己的潜在短处没有察觉，距离失去竞争优势只有一步之遥。他们对现状很是满意，没有动力去学习。

（二）从乔的例子看学习的四个阶段

乔是一家高科技产品制造公司的机器操作员。他的例子很好地说明了学习过程在竞争环境里是如何体现的。

> 作为忠实员工，乔多年以来一直在操作切割机，没被投诉过。事情的变化始于生产指标上调，乔的报废率开始上升。每当质检员试着把高废品率告诉乔时，乔就会恼火地说："这是我负责的机器，别人不许指手画脚。"他继续沿用原来的低效方式。（阶段一）

> 乔没有意识到自己工作绩效差，但别人对此看得很明白。乔不肯承认出了问题，因此没有动力去学习。

> 某天早上情况突然有变，乔被告知关掉旧机器，安装新切割机。新机融合了最新的计算机辅助技术，乔感到恐慌，因为他完全不懂要如何对付这崭新酷炫的"怪物"。（阶段二）

> 突然之间，乔明白自己需要提高技能。因此，无论他喜欢不喜欢，他都有了学习的动力，因为自己的饭碗危在旦夕。

经过三个星期的课堂训练与工作实践，乔能够以中速操作新机了。他跟上了工作流程，几乎不犯错误。通过运用自己新习得的技能，他的切割几近完美，而且可以满足生产进度表的要求。

对新机的熟悉让他感到舒适，自知工作表现很棒的感觉非常好。（阶段三）

几周后，乔开始放松下来，沉浸在成功的喜悦里。一切皆在掌控，工作内容又变得习以为常。乔觉得自己的表现够好了，他自信地操作着新机，不再寻求进步。（阶段四）

一旦别的机器操作员完成培训与实践，到时所有机器的生产速度就会调至最高速度，但乔没有意识到这一点。此时，他已经在舒适的、习以为常的工作中安定下来，就跟以前一样。可没过多久，他的工作质量开始下滑。乔再一次变得不胜任自己的工作，自己却毫无察觉。他又回到了起点。（阶段一）

（三）乔的例子带来的启示

设身处地想想，如果你是乔的监督人会怎么做？你首先想做的就是判断他是否意识到自己的绩效再次下滑。如果答案为否，那么你要做的就是让他注意这一点。如果他已经有所意识，那么你的目标就是鼓励他看得更远，并给予进一步的支持——正因为情况如此糟糕，乔非常渴望学习，以恢复以往的自在与自信。

通过直面挑战去发现自己的无知，乔恰恰变成了一名实干家。实干家有个优点：想把工作做好的内在动力让他们愿意承认自己能力不足。实干家还愿意忍受学习过程中一定程度的不舒服，只为享受最终的成果——大家都认为这人干得不错。

（四）从例子看如何激励大型群组学习

如何激励大型群组，以下真实案例就是最好的阐释。

公司运营得很不错，员工的动力本来没有问题，至少在董事会同意和某个竞争对手合并之前都没有问题。理论上，这段合并关系看似一个美梦，但实际上，它却变成了一个噩梦。

对于这两家企业文化迥然不同的公司的合并，交易人确实有过几点担忧，不过他们有信心解决这些分歧。但没过多久，人际冲突开始四处爆发。这两家公司以前从未担心过人员流失，现在却发现流失人数开始上升——实干家纷纷离开。不满和抱怨如洪水般涌入人力资源部。看来得采取某些行动才行。

一项全公司范围内的培训需求调查透露了三个方面的具体问题：冲突管理、绩效评估与人际交流。有90%的人勾选了这三项。

公司立刻有针对性地组织了培训计划，并通知员工报名参培。本来预料会有一大批人参加，结果报名人数之少让组织者目瞪口呆。

重新分析调查结果才发现，被调查者填写的并不是自己需要培训的内容，而是列出了对手公司员工需要培训的事项，这就是报名参培人数少的原因。证据显示：两家公司的经理都没有意识到双方沟通不良、冲突频发、互相刁难。

培训计划再度展开，这次很快就爆满。这是因为两家公司的员工现在受到了激励，想要共同学习、一起进步。

在这个培训班里见到了以前的竞争对手，双方都做到了减少对自己的关注、更多注重如何为新市场的客户服务。毕竟，双方就是为此才合并的。

二、有用的领导力学习

学习容易走入这样一个误区：为了快速解决问题，组织花费成千上万美元来培训管理层的全体人员——比如让他们参加某个很火的领导力项目。但后来出了一个看起来更好的项目，原来的项目只好半途而废、草草收场。

悲催的是，这种以性格而不是以目的为导向的、一刀切的领导力项目浪费了大量的时间、人力与物力。无论领导力的定义是什么、领袖的角色是什么，实现方针目的才是我们的终极目标（参见第4章的计划舵轮）。如何让你影响范围内的人朝着正确的方向前进，实践能力比理论更重要。

这对你来说有哪些意义呢？对于新手来说，如果你想克服身边的职场失调问题，需要改变自己的思维方式，首先要改变的就是"领导力由职位决定、只有最高层的人才有领导力"的想法。还有，"领导力必是人人看得见的台前工作"这种想法，以前也许是对的，现在已经不是真理了。其实有时候，在后方反而更能看清楚：每个人是否都在朝正确的方向前进。

我们倾向于认定领导者就是"让某些事情发生"的人。但领导者也能"阻碍某些事情发生"——这就是大多数绩效问题和生产力问题的缘由。在今天这个以客户为本的市场，提出更正、做出调整、批准款项全是领导者的事。

为了在全球市场取得成功，组织需要各个层级都有负责任的领导者可以在任何时候、不分日夜地代表公司采取行动。

领导力在非正式的、自然而然的时刻最能发挥作用。领导技能可以在工作实践中获得，实干家能够自然而然地习得这些技能，因此只需要一个运用技能的机会。我们需要把注意力更多地放在领导力的形成过程上，而不是领导者有何性格上。

现在所谓的领导力培养项目，过于复杂、昂贵和费时，实在没有必要。下面这个过去—未来模型的好处在于：一旦找到了问题，告知了方向，任何一个愿意负责的人都可以执行领导者的职责。

（一）善用过去—未来模型，学习领导力

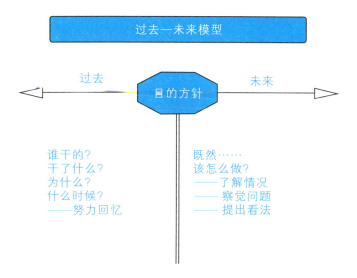

过去未来模型是为工作场合设计的，最能发挥作用的时候是一群人一起对付难题时。这个模型也可以用作一对一的辅导工具。

首先做一个快速评估，让大家举手示意即可。请参加者思考目前的状况，并让他们表明自己到底是在"回头看"还是"朝前看"。然后让他们根据自己的思考模式，分别走到房间的两侧。例如，让"朝前看"的人坐在右边，并听听坐在左边的人对问题的看法。

要记住，这个过程并不是刻板的。尽量不要做得刻意、死板，这样才最能发挥效果。如果参与者对团体接纳协议（见第5章）熟悉的话，就更好了。在开始之前就要定下来在模型两端各花多少时间。鼓励参与者在发现自己思维重心转变时转换阵营，到房间的另一边去。请大家在未轮到自己阵营发言之前，暂时不发表评论。

使用模型左侧"过去"一栏的关键词来提出与当前情景有关的一系列问题。问题要简洁，例如：

> **情景一：团队表现**
> ☆团队有哪些人？
> ☆我们碰头的理由是？
> ☆我们出了什么问题？
> ☆这问题在什么情况下发生？
>
> **情景二：客户服务**
> ☆哪位客户提出了这份投诉？
> ☆客户为什么生气？
> ☆客户想要什么？
> ☆客户需要什么时候得到想要的答复？

汇集了重点问题以后，就可以开始收集数据、确认信息。不用多久，大家就能共同拼凑出相关回忆，在问题的来源方面达成一致。这时，既然已经汇聚了信息进行共享，是时候转移焦点到模型右侧的"未来"一栏了。这也是中场休息的好时机，让参与者为下一轮做好调整。

"未来"方面也是首先提出一系列问题。不过，这次每个问题的格式都是"既然……，该怎么做？"继续套用前面的例子就是：

> **状况一：团队表现**
> 既然我们已经明白队员的情况，该多久碰面一次？
> 既然我们已经明白这次碰头的理由，该如何组织这次碰面？
> 既然我们已经发现了问题，该如何解决？
> 既然我们已经知道这次的问题在什么情况下发生，该如何避免下一次？
>
> **状况二：客户服务**
> 既然已经知道是哪位客户提出了这份投诉，该如何与客户沟通？
> 既然已经知道客户生气的原因，该如何解决问题？
> 既然已经知道客户想要什么，该如何提供？
> 既然已经知道客户需要什么时候得到想要的答复，该如何及时做到？

正如许多新流程一样，这种提问方式需要一段时间才能适应——特别是要用上累赘的"既然"与"该"。"既然"与"该"的组合拳之所以有用，是因为这一套能够迫使参加者集中思考"需要什么结果"，而不是回忆"发生了什么事情"。

这部分练习的宗旨是让大家更好地理解问题，全面地认识问题的各个方面，更加敏锐地洞悉解决问题的方法。所花费的时间不长，而且比冗长的议程更具实际作用。

一般来说，一个运作良好的组织、团队或者个人会把60%～70%的精力放在"朝前看"上。把过多的时间放在过去，很可能会浪费时间。你不可能改变已经发生的事情，但你能改变自己下一次的应对方法。

（二）实战示范如何运用过去—未来模型

下面的例子正是说明如何运用过去未来—模型来扭转一家跨国制造公司的命运的。

这家公司喜欢把加工厂设在偏远地区，而且附近的社区正以稳定的劳动力供给与较强的职业道德闻名。这个战略为他们立下了大功，但是最近，情况发生了变化。为了应对生产过程中出现的问题，在建设最新一处工厂期间，总计500多名职工、主管和经理在当地的社区大学接受了全面质量管理方法的培训以及有关统计过程控制的延伸课程学习。

一开始，事情进展顺利。设备安装到位，试运行的表现让人觉得大有前景。第一批订单遵照所需规格做好，顺利无阻地按时出货，有一阵子似乎一切都挺好。但接下来客户投诉热线开始响个不停。大多数投诉不外乎两种：尺寸不对，数目短缺。

一开始，投诉寥寥无几，但很快就变得源源不断了。他们怎么找都找不到导致这两种投诉的原因。管理层召集了会议，并且对质量管理施加了很大压力，员工出于紧张不安、备受威胁而联合起来。情况开始变得不可收拾。

公司总裁请我去察看新厂的运作情况，看看有哪里可以帮上忙。我确信，只要和生产线上的人谈一谈，找到答案并不难。因此，我的计划是一到新厂就去夜班了解情况。

夜班的主管帮我安排与生产线员工面谈。我们采用了前文的过去—未来模型。过去组与未来组都一步步走完了流程，最后找出了尺寸问题的解决方法。从结果来看，"问题在什么情况下发生"以及"谁是相关人"这两个问题正是找出解决方法的关键之处。尺寸问题是在加工不规则形状的产品时发生的，与机器操作员有关。

最后，尺寸问题一路追溯到了当地学校董事会几年前的一项决定：从高中课程中去除"木工与金属加工"课。显然，这类课程是指导学生使用卷尺的主要来源。不具备这些基础知识的机器操作员，不懂卷尺上 1/16 英寸和 5/8 英寸的差别。

值得表扬的是，机器操作员会找个懂得看卷尺的人来检查每次开工生产的第一个产品。不过，如果在那之后机器发生了失准，做出来的成品也就在没有经过测量检验的情况下直接打包出货了。

对"既然……，该……"的探讨结果引领公司去找州里的教育部门，拿到一笔培训经费，为整个公司的所有员工提供基本的测算模型培训。

发货短缺问题的原因更难发现。对"问题在哪里发生"的回答把我们带到了回火工艺生产线最末端的质量检查站，这里是产品离开熔炉以后到达的地方。机械臂把产品放上传送带冷却，最终到达质量检查站。

对"问题在什么情况下发生"的思考，指引我们找到质检站的操作员：他把传送带上的产品拿下来，放在一个四周有电子传感器的金属框上。如果产品不合规格，就会有蜂鸣器发出拒收的信号。没有警报声就意味着产品可以打包出货、发给客户。现在我们知道了"问题在什么情况下发生"，但我们仍然不知道要如何解决问题。

我从这条生产线走到那条生产线，等着听见一声蜂鸣，好亲眼发现到底是什么导致了发货数目的偏差。确定附近传来了"嗡"的一声，我迅速往声音那边赶去。

检查站操作员看见我到来，一边向我点头问好，一边把几件不合规格的拒收品扔进旁边的垃圾箱。我站在他身边，看他接下来做什么：他什么都没做，只是在等。接下来的二十分钟，蜂鸣器不时响起。我们在蜂鸣声的间隙交谈，他在谈话中似乎对自己非常满意。

最后，我问他是否对高拒收率有些在意。"不，"他说道，语气轻快,"那些人知道自己在做什么。我只需要把合规格的产品往下传,把不合规格的丢掉。"当我问他"如果你不说,'他们'怎么会知道"时,他的脸色变了。

那天晚上的后半段,所有的检查站操作员与生产机器操作员聚在一起探讨:既然检查员发现了拒收品,该如何报告这一情况?鉴于他们终于知道拒收情况没有上报就是出货数目短缺的原因,我确信他们已经解开了之前的两大投诉之谜,于是剩下的就交给他们自己了,我回酒店休息。

在后面的几个月内,我又到工厂参观了几次,看见整个工厂都在运用"过程改进"模型(详见第8章),倍感欣慰。生产屡创纪录,厂方经理对结果十二分满意:工厂的收益将会远远超过预期。

第 7 章
管理者如何善用实干家汇集信息与控制流言

管理层如果能够聪明地通过实干家来汇集宝贵信息,并借助实干家来控制有害流言,对组织的发展会是极大的助力。

一、别让宝贵信息停留于私下小会

经理们定期开会讨论问题,评估进展与制订策略,那么,何不给予实干家同样的机会?让这些高效能人士以这样的方式聚头,会起到同样重要的作用。毕竟,他们最有资格判断什么行得通、什么行不通。如果有机会,他们还可以解释为什么。

不让实干家在没有监督的情况下碰头,其最常用的理由是:见面变成发牢骚,纯粹浪费时间。管理层没有意识到的是,实干家会自己私下找地方讨论。

实干家在私下谈话中可以自由地说出自己的想法,不用担心被上级干扰。在上班时段,实干家可能会在茶水间、影印处、公司餐厅开个私下小会。

私下小会的存在,表明员工需要一个没有书面记录、"不要告诉别人""不要说是我说的"交流机会来分享意见、试探反应以及得到同事支持。私下小会经常发生在走廊里,刚好在与管理层见面之前或之后。

害怕把麻烦的问题带到上司面前时,实干家之间会私下见面,以评估形势、探讨解决问题的最佳方法。

把自己想象成墙上的飞虫,偷听下面这个真实的私下小会。

一家大型制造商投资了850亿美元来建造一所最先进的、使用最新机械技术的加工厂。大体来说,安装与试运行都很顺利。快速检测显示,每条线都达到或超过了生产标准,只有一条线除外:回火线上的报废率居高不下。质量专家请来了不少,却通通被难倒。

在又一个质量专家一无所获地离开后(私下小会的说法是"一无所知"),一群检查员起哄叫买啤酒,因为对方小组输掉了"比赛"。显而易见,负责管理中班工人的两名监督员在开玩笑打赌,看哪一队装配的零件更多。结果为了数字上取胜,监督员有时会把本该返工或报废的零件偷塞进去。

在官方计数器宣布了赢家,两名监督员离开以后,工人们再把不合格的零件取出并丢进报废堆。两队工人自己也有赌局,赌哪个监督员叫人偷塞的废件更多。

> 工人们并没有向质量监控人员报告自家监督员的把戏，而是自己也玩了一把。

悲催的结果就是：公司成了垫底的输家，因为员工更愿意玩游戏而不是解决问题。

二、如何引导实干家汇集信息

要预防以上情况出现，最好的办法就是鼓励实干家把自己的担忧告诉你，而不是在私下小会谈谈就算。一开始，他们在想办法与你直接沟通的过程中会犹豫、困惑一段时间。要通过练习让他们知道，各人在你面前汇集各自的知识信息，既有利于快速学习，又能建立信任关系。

（一）简单的初步练习：杯子上的"X"

用深色马克笔在白色咖啡杯或纸杯上画一个大大的"X"，把杯子放在桌子中央，让每个人都能看见杯子。请看得见"X"的人举手。

向没举手的人指出：假如"X"代表某条重要信息，他们就已经忽略了这个信息点。这个简单的练习说明：汇集各方视点非常有用。

信息汇集在没人能纵览全局时尤为关键。这同时也说明：争论杯子上是否有"X"，纯属徒劳无功。另外，每当参与者对自己所见之物有异议时，我们需要对情况做进一步探究。

每当分歧出现，例如训练"杯子上的'X'"时，我们需要警醒：部分重要信息有遗漏。每个人都应该自问：缺的那部分信息，会对我的行为有何影响？

在以上练习中，要解决信息汇集的问题并不难——转动杯子，让之前被挡住视线的人看见"X"。

遗憾的是，当组织成员分散各地、平时不集休沟通时，事情就没那么简单了。异地实干家无法在现实中齐聚一堂，对比各自观点，统一视野。但还有一个办法，就是集体通过网络来模拟"杯子上的'X'"这一练习。

（二）进一步的开会方法： 海纳百川的思考方式

信息处理往往具有排外性，只交给有权之人负责。这种由顶层少数精英做出决策的方法在过去可能有效。但是到了今天，职场上的每个人都需要有途径来获取所有信息。

以前的信息传递是自上而下的涓涓细流，现在是从各处源源而来。要判断某条信息的价值，必须等到集齐其他信息、公开审议后才能决定。领导者与跟随者需要互相分享观点，而不是分开决策。

汇集信息，并且将之用在刀刃上，其关键在于召集合适的人、提出合适的问题。选人的困难在于不清楚哪些人需要参与。此时谨遵一条原则：没把握就一个不漏全叫上。

要提出合适的问题就更难了。下图中的问题分类有助于你开展提问过程。

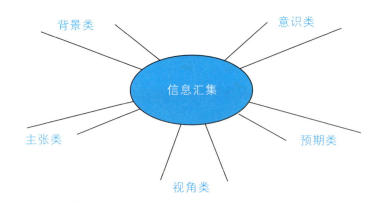

1. 背景类

各人带着什么结论来开会?他们真正知道的是什么?有哪些信息缺失?各人默认的背景共识是否不同?

2. 主张类

各人认为事情理应如何进行?谁已经选定了立场?谁乐意接受改变?各人是主动出击还是消极应对?他们的主张如何形成、受谁影响?

3. 意识类

各人认为迄今已经发生了哪些事情?有哪些信息已经传达到位?哪些需要纠正?每个人对事情有多了解?谁有所察觉、

谁无知无觉?

4. 预期类

预期结果是什么?各人的消息来源是什么?想要的结果与计划的内容相差多大?

5. 视角类

各人从自己位置出发看到的是什么?代表了哪些观点?他们看到的是事实吗?谁的视角遭到屏蔽?被什么屏蔽?

(三) 一句话检验成效

随着信息汇集过程的开展,你会了解到自己提问与回应的方式对实干家有何影响:他们在受挫、困惑时,是会找你商议,还是私下开会?

三、 别让流言造成巨大伤害

无论你如何把事情积极化,人们总是害怕变化,原因是变化造成困惑、增加疑虑。过渡转变期的信任很难建立,流言铺天盖地。即使你努力说明事情真相,别人津津乐道的依旧是小道消息。

最大声抱怨自己"被排除在外"的人承认,即使有再多的会议、备忘录或信息分享,他们依靠的仍然是绘声绘色的小道消息。

人的本性会反复思考并推测即将到来的变化如何影响自

己。这也说明,为什么每个人的强项、弱点、敏感话题、个人话题都会迅速成为流言制造机的原料。

以下例子说明流言的危害以及为何要努力控制流言。

> 一位国外出生的科学家,一个星期前才接受某个测试实验室的职位,一个星期后就辞职了,原因是他听见有流言说他前任因为口音"可笑"而被"炒鱿鱼"。
>
> 他的同事开玩笑说,如果他不注意的话也会被"炒鱿鱼"。虽然他的英语说得不错,但他还是听不懂英语里的"炒鱿鱼"是什么意思。
>
> 听完"炒鱿鱼"的解释,他决定自己辞职,避免以后遭到解雇。这个实验室有一连串国外出生的科学家相继辞职,正是因为听流言说有口音的人会被"炒鱿鱼"。

散播流言的人非常乐于传播小道传闻,即使明知会对别人造成坏影响。不知怎地,这让他们感到有力量。

确实,人人都爱八卦,即使不信八卦,也想听一下。流言制造机一般产出的是无害或娱乐性质的评论。但不幸的是,有些人的乐趣是传播谣言假话,就为博人注意,他们似乎意识不到,坏心眼的游戏可能伤害无辜的人。

当这种事情发生时,名誉损、信任失、士气伤。

四、如何控制流言与减轻危害

也许你们公司的流言造成的影响没那么坏。但以防万一，这里提几条有用的建议，下次当你遇到流言制造机出产假料时可以用上：

- 不要赖着听全细节才走——只听事实概要，一旦听懂立刻离开。
- 听到流言的风声时，只要不涉及法律上的保密义务，就尽可能告诉别人你所知的事实。如果你发现自己说的话有哪里不准确，就要尽快抓住机会纠正错误。也许需要来回几次，谣言才会消失。
- 筛选出值得信赖的实干家，与他们私下谈谈。
- 告诉他们你想了解他们听到的实情，告诫他们不要添油加醋。要让他们知道，一旦你发现他们把事实扭曲了一丁点，就再也不会信赖他们了。
- 不提感想，只提自己第一手掌握的事实。
- 认真听取各人意见，但不作评论。这可能很难做到，但别人并不关心你怎么想，也不想听你的观点。他们只想了解你知道的信息。

无论你沟通得有多好，不准确的消息仍然可能在组织内部传播。错误信息可能会伤害敏感的人，破坏团队精神，浪费时间、精力与珍贵的资源。想把谣言的危害最小化要有诀窍。

实干家获取信息靠看、听、摸，其中大部分人依靠视觉。即使是依靠听觉和触觉的实干家，行动前也会在脑中构建出所听、所摸事物的图像。因此，诀窍就是把你的情报信息描绘成具体的画面，让对方能够真真切切地"看见"。

说"一幅图胜过千言万语"的人太了解这一点了。

五、 如何让实干家自主汇集信息与控制流言

一旦你获得了实干家们的信任，就该提供一个固定的时间和地点，让他们在良好的环境里一起探讨不同意见，并审视对未来的各种预测。

除了设置固定的时间、地点以外，你还需要向他们提供一份会议指南，类似于第 5 章的团体接纳协议。

私下小会是个自由论坛，嗓门大更有听众。但这种模式不好，因此我们才需要他们遵守会议指南。实干家们一旦熟悉了整个程序，会另创一个自己的会议指南版本。另外，由于你提供了一套行为准则供他们参考，这表明你在严肃认真地想帮助他们把会开好。

像这样专门划出时间段，让实干家通过有组织的聚会来交流，大大地提高了全公司对团队组建、共同决策、集体解决问题、冲突消除的接纳程度与执行力度。

这一切的回报就是：曾经满腹牢骚的实干家，再也不需要去那种私下小会才能讨论问题。他们自主地采集信息，彼此直率地分享重要情报，更重要的是与你交流关键信息。

第 8 章
管理者如何发挥实干家与潜在实干家的主动性

当管理者被问到哪些职责是他们想躲避、拖延的,绩效管理位列第一。在追踪采访中他们进一步承认,自己一无信心、二无能力肩负这个不讨好的任务,而是选择忽视或调任那些没什么主动性的人,希望他们另谋高就。

那么,你可能会问:不去管那些不怎么主动的人、只专注于实干家,有什么问题?

许多管理者就是这么做的。悲催的是,他们很快发现这行不通,因为实干家讨厌接手别人的工作,会找一个公平的地方另谋高就。

你所面临的挑战是要提高手下人的主动等级,除非你不想留住实干家。

这里要提醒一句:面对主动性这个问题,不同的人会有不同的反应。实干家的想法可能是:他们有权不顾你的指示,自己采取行动。那些你希望他们更主动的人,则想跟你讨论完一切备选方案之后才执行。

你需要斟酌的是：当你对低绩效员工说"更主动一点"时，你究竟想让他做什么。如果你和员工没有清楚的共识，要求"更主动一点"不一定是最佳对策。

首先要考虑的就是：你要潜在的实干家表现出的主动性有多强。当你告诉他们有哪些选项时，对方更容易做出一个对双方都好的选择。最好就是让潜在实干家从等级一、二、三着手起步（具体等级含义见下文）。过一段时间，你可以根据对方表现，来提高或降低主动性等级。外部情况变化也可以是调整等级的依据。

实干家大多想要等级四、五、六。因此，你要做的是创造相应的条件。换言之，就是要让实干家对你有相应程度的信任：只要你还没有因为紧张而拉紧缰绳，他们就可以放手去干。

一、 了解主动性的六个等级

（一） 等级一： 等待指示

当情况不明时，让潜在实干家各行其是，不一定是个好策略。这种情况下，也许更应该让他们等到最新信息或确切情报再行动。

> 例如某家服装制造商的销售人员。这个全国性的厂家，接

订单与安排发货用的是过时的定价与库存单。在利润暴跌、几名销售精英辞职之后，管理层更新了信息系统，并给每一个销售人员都配备笔记本电脑，方便其上网联系客户。

各部门每天发布两次各地区的生产安排与批发折扣的信息，并且针对某些等待批准的特殊订单另外发布信息。没过多久，销售人员的业绩就打破了现有的记录。

（二） 等级二： 请求指示

有些时候，尤其当事情发展出乎计划时，潜在实干家需要请求指示。让他们在需要采取紧急措施时还坐着等你发话，可谓失策。

忙碌的医生因为有个重要访客要来诊所，就让前台接待员取消一切预约，一切来电都暂不转接给他。访客没多久就到了，接待员说医生暂时不接预约和电话。访客以为医生正在处理急事，不能现在招待自己，只好用名片留了个字条。

过一会儿医生出来问访客到了没，接待员转交了字条。得知访客已经来过又走了，而且接待员一句话都没问过医生就把人打发了，医生目瞪口呆。若她事先向医生确认过访客姓名，结果会好得多。

（三） 等级三： 提出方案

负责处理产品、提供服务的潜在实干家，比谁都清楚哪些办法为何行不通，以及应该怎么办。但除非鼓励他们表态提议，否则他们不会公开想法。

某个家庭护理机构向护理人员施压，让他们多看一些病人。在现有系统下，护士们每天要一早来到中心办公室，等着被派去照顾名单上的下一位病人。照顾完以后要开车返回办公室，接受新任务。这样一来，每个护士每天能接三到四个任务，达不到董事会的财务目标。

护士们提出两条极好的建议。一、每人配备手机，可以通过电话来接任务，不用特地到办公室走一趟。二、与其按名单顺序分配任务，不如让家里离病人最近的护士前去照顾。试行一段时间后，出诊数翻了一倍，出行成本少了一半。

（四）等级四：自主行动，随即报告

老牌实干家最能够阻止事态恶化或适时改进状况。对于老牌实干家，应给予他们先自主采取行动、随即汇报结果的权力。

采购员本尼是出了名的会跟供应商打交道。新的行政主管最近通过本尼订购多功能复印机一事，发现他确实是个人才。本尼在采购时遇到了一单好买卖：最先进的机子，立即下订就能免运费和安装费。可惜总费用高于采购金额。本尼并没有等着上级批复，而是当场拍板。买卖达成后，心情紧张的本尼立

刻层层追踪联系到行政主管，请求批准。好在主管不仅为这笔买卖而高兴，还为本尼的主动性感到欣慰。

（五）等级五：自主行动，例会报告

经验丰富的实干家很清楚，哪些情况若不立刻采取行动就有恶化的可能。这种在获批之前预先采取的行动，需要记录下来并在每周例会或每月例会上汇报。

杰里是项目小组组长，有个好消息等下次例会再向队友宣布。几个月以来，他们团队一直分散在校园的各处，挤在各格子间或小教室里。杰里急着找到一个让整个团队共聚的地方，空间要够大，还要符合预算，几乎是个不可能完成的任务。

但没过多久，一家本地房产中介打电话来说，有家破产的公司刚刚被清理出户，租地听起来非常理想。房东急着要租客，同意免去三个月的租金和按金，条件是他们接受租地的一切原状并立刻搬入。杰里签了租约，自信这个地方符合他们小组的需要。果然，一个星期后当他在例会上宣布这一消息时，组员们纷纷欢呼鼓掌。

（六）等级六：自主行动，除非另有指示

自主型的实干家自信有能力进行合同谈判、克服挑战，以及处理差错。该等级的实干家需要有上级的无条件支持才有安全感。

以下例子说明：实干家在自由行动时，如何取得超乎预期的佳绩。

肯的任务是在一所地区儿童医院里打造一个世界级会议中心。作为培训与发展部的主管，他知道要完成这个挑战，他们的预算远远不足。

肯并没有另找赞助，而是说服其他部门主管把各自不多的培训预算合并。他安排本地大学教育技术系学生来实习，请他们设计、安装视听系统。又找本地企业赞助了一流的设备，让他们以此换取税收优惠。不久后，该会议中心就举办了一流的会议，接待了来自世界各地的医生与医学教育工作者，同时也在医院员工开展培训计划、讲习班、研讨会时派上了用场。

二、引入绩效管理与过程改进

现在你对主动性有了一定的了解，下一步请戴上"辅导人"之帽，消除有关障碍，帮助低绩效员工提高绩效。

绩效管理与过程改进是简单易用的反馈工具，可暴露出一切阻碍潜在实干家取得成功的因素。剖析探讨这些因素后，辅导人和辅导对象会懂得如何消除障碍、提高生产力。

要引入绩效管理与过程改进，最温和的方式是设计出一套问题核对表，与自然工作流程密切配合。例如：

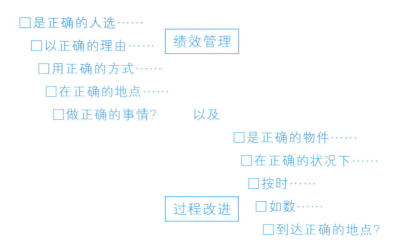

现在请和身边的辅导对象一起逐条核对,直到双方都确信每一点都已做到。这个过程也许要分几次才能完成——不要急着一口气完成整个核对表。

以下是某个产品线监管人如何运用绩效管理与过程改进来处理新员工的问题。

在新人培训结束后,苏珊很快就受到了工作团队的欢迎。但没多久苏珊就遇到了麻烦。她犯了许多错误,工作落后于进度,但她并没有为此表现出担忧。

当她的上司某天来视察时,苏珊对他说一切正常。第二天早上,上司把她叫到了办公室。他并没有一脸不高兴,而是用流程图向苏珊展示:她的工作产出如何影响部门里其他人的工作流程。慢慢地，苏珊在回答上司提问的过程中，意识到自己在生产流程中的重要性，以及公司为何要她以正确的方式和理由做正确的事。

苏珊的上司接着解释：为何她要最大程度地利用好自己的时间与才干，才不会漏掉提高自己工作质量的机会。上司清楚地告诉苏珊：任何时候只要发现自己跟不上，就大胆说出来。

知道自己并不会丢饭碗而松了一口气，苏珊请求接受额外培训，并承诺会加倍努力。上司批准了培训，条件是苏珊要定期进行绩效评审。苏珊现在明白，自己需要为自己的绩效负责。

苏珊和许多新人一样，以为只要在高薪、高福利的好公司里有个好职位，就能保证有个好前程。进公司后，只需要叫干什么就照做，不冒任何风险。很少想到个人绩效如何影响集体的生产力。因此，绩效管理与过程改进的一个目的就是，让低绩效员工一方面意识到把事做对为何重要，另一方面了解到自己需要做何改变，才能与公司共创未来。

发展到这一阶段，曾经的低绩效员工已经准备好要最大程度地利用好自己的才干。你现在的任务就是想方设法留住实干家。下面的留人法宝七诀窍，可以确保实干家们有理由留在你们公司，继续优秀地完成工作。

附录：如何吸引并留住实干家

实干家是职场的中流砥柱。他们以正确的理由、正确的方式做正确的事情，并且主动提出新想法、为生产提供动力。珍惜实干家这些宝贵特质的用人单位认为：源源不断地吸引实干家，对于组织的繁荣发展至关重要。

人才难求，最优秀的应聘者甚至在彻底打听清楚用人单位的声誉以后，才考虑要不要来参加面试。知道了这一点，用人单位可以通过下面七个诀窍来建立所需的声誉，吸引并留住实干家。

1. 面试传递正确信息

在面试过程中传递正确的信息，并确保其准确度。如果你想吸引优秀人才，一味谈钱并不能达到目的。你必须传达这样的信息：他们的为人、才干以及对组织的贡献都将受到尊敬。

像薪水与福利这样的外部激励因素，激励作用是会过期的。能长久吸引实干家的是：为你工作能得到自己单干时没有的机会，例如，获得职业成长，产生影响力，达成某些有意义的目标，等等。

2. 入职时让新人感受到欢迎

在新员工入职的头两个星期，要让新人感受到欢迎。要再次确认以下三点：聘请他们的理由，对他们的期望，评估他们贡献大小的方式。

挑战在于：如何尽快让新人融入工作环境，别让他们觉得好像掉进了水里，要拼命挣扎才能浮上水面透气。他们从一开始就想要确定自己的行动既符合自己的职场目标，又符合公司利益。

3. 让老员工带路

让老员工担任新员工的辅导者和导师，而不是一味批评、无视或戏弄新人。最能让新人在头几天就感受到欢迎的是同事的态度。受到嘲弄，或者成为恶作剧与开玩笑的对象，就会造成相互憎恶的气氛。

研究显示：最有能力、最起作用的那些员工，会第一个逃离有恶意的环境。老员工在带领新人上路、帮助新人快速融入环境并迅速获得工作满足感方面，发挥着重要作用。

4. 配一高层解决问题

确保有一名高层管理人员负责解决重要问题。对实干家来说，这意味着指挥链正常运作，总能找到负责领导、及时获得相关批准。这名高层人员需要呆在岗位上，不能老是外出开会或者抽不出身来。

有了这样的高层领导，能保证实干家从自己尊敬的人那里得到反馈，并从中获得满足感。这其中的激励意义不容小觑。

5. 鼓励高层树立团结榜样

鼓励高层管理人员组队行动、遵循团队精神。实干家若没看到上级团结的榜样，就不会在必要时妥协、同心协力地合作。缺乏团队精神的公司，会有"不齐心"的名声在外；公司内部的实干家会感到彼此孤立、脆弱不堪，过渡转变期内尤其严重，而且也没法获得任何集体成就感。

另外，由于觉得自己仿佛是在真空之中工作，他们也很难评估自己的职业成长程度——实干家如果没有旁观者的评估，很难对自己的成就有准确的认识。

6. 严抓绩效评价

坚持让监督人经常评价下属，诚实做出反馈，及时对不良绩效与不当行为进行处理。绩效评价有助于提升员工的整体士气；即时的反馈可以澄清疑惑，巩固成果，并且有利于证明员工在公司内的一切成长都在正轨上。

鉴于努力能够得到认可，实干家就有动力去追求更崇高的目标。公司面对糟糕的工作表现，要绝不含糊地进行处置，以此向实干家证明公司在"优奖劣汰"方面名不虚传。

7. 创造公开交流的环境

创造一个让实干家放心提出意见、虚心接受批评、用心质疑双重标准、不带偏见地向上传递负面消息的环境，这些做法使这个组织遵循"公开交流"的准则。

实干家需要这样一个保证：他们在设法解决问题的时候会得到支持，而不是受到惩罚；诚实是金，不需要躲避事实。要让实干家信任公司：在这里，失误无须掩盖，可以安心纠正，不会成为"小辫子"，不会妨碍以后的职业发展。到了最后，会被评议或铭记的不是失误，而是成功。

按照流行的说法，职场是个冷酷无情的世界。但事实正好相反,职场是人的职场,讲求的还是人与人如何共事合作。不过,职场关系需要时间来建立,而我们今天面临"变化来得急、人员流动快"的情况,时间实在是稀缺资源。第一道难关通常是如何与同事相处融洽。在这紧张的人才市场上,用人单位必须营造一个促进和谐、鼓舞士气、支持创新、鼓励开诚布公、减轻焦虑情绪的环境。

吸引并留住实干家的重要性不言而喻。招揽人才却留不住他们,这里面的花费之高,是这些人才第一年薪水的三倍。

事实上,人才流失的问题如果很严重,会明显影响公司的盈亏底线。华尔街日报近期一份调查显示:相比之下,员工固定且敬业的公司在盈利方面更加出色。

第 9 章
管理者与实干家都应该了解的职场失调问题

每当实干家缺少为共同目标一起奋斗的信心和渴望时,职场就会失调。

职场失调就像传染病,会在人际和部门之间传播。如果没有诊断出来,整个组织都会陷入失调却没意识到自己"病了"。

每种疾病都有源头,从某个时间、某个地点开始积累再发作。失调也一样。

典型的工作部门要经过四个阶段才会彻底失调。有的在过渡期可能会经历阶段一与阶段二,但没有进一步恶化;有的则完全没有发现问题,继续进入阶段三与阶段四。

在快速地应对变化、处理信息的今天,公司通常会在阶段一与阶段二之间徘徊,并依旧保持运转。

当公司进入阶段三时,更为严重的失调症状开始显现。到了阶段四,问题踪迹难觅,因此更难治愈。

通过了解进入各阶段的条件,你也许能够在永久失调之前进行干预,并带来富有成效的改变。

一、了解失调的四个阶段

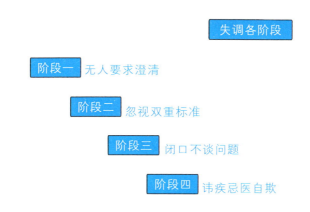

(一)阶段一: 无人要求澄清

一份写得太烂的指示在逻辑上有多种解读。两位监督人对指示的解读不同,结果向各自团队下达的指令相互矛盾。受影响的员工明明感到焦虑,却并未要求澄清,他们只是等着上级发现这个问题。

(二)阶段二: 忽视双重标准

一起拼车上班的人总是迟到,没人说些什么。自己一个人来上班的,迟到就要扣钱。当遵守纪律的员工向管理层反映这个问题时，对方说会进行调查，让他们少操闲心。而这种双重标准还在继续，毫无变化。

（三）阶段三：闭口不谈问题

现存的许多严重问题，例如指令不明与双重标准，员工都极其不愿在管理层面前提起。但没人公开讨论这种"不愿"。要知道，员工会议上一片沉默，不一定代表没有问题存在，而有可能暗示：无论管理层对问题采取什么行动，员工都只遵守缄默法则。

（四）阶段四：讳疾忌医自欺

针对生产力下降，公司做了一项风气调查。结果显示，员工的信心与工作成就感都很低落。然后 CEO、三个部门的主管以及 HR 突然间就被炒了。接下来的管理层会议却一切照常，无人提起这次调查或这次人员清洗。

二、评估所处阶段，采取措施

至此你也许可以评估一下，自己负责的工作场所处于哪个阶段。懂得了这一点，你就能更好地设计出一套实际策略，双管齐下：

- 巩固有用的行为。

- **停止失调的做法**。

克服失调、恢复运作还是有希望的。虽然有时会遇到难关，但是总体来说，你会很高兴地看到，同事们意识到失调问题并承认自己有必要改变行为。

当你致力于恢复自己工作场所的功能运作时，谨记一点：失调的同事并非坏人，很可能只是没有意识到他们的行为阻碍了团队绩效。

（一）运用典型失调行为核对表

以下是职场失调的二十种典型行为。这些行为在你们公司是否常见？请逐条核对勾选。当你着手恢复公司的功能运作时，要根据你勾选的具体情况来设计行动方案。

如果你有足够的勇气，那就让各位同事勾选下面的失调行为核对表。然后大家一起讨论各自填写的结果。下次小组会议可以比对各人勾选的情况，既有意思又有意义。

1. **沟通不直接**

员工不进行面对面交流。他们另找方法传达信息，尤其在传达令人伤心或不快的坏消息之时。这种方法常见于长期不和或相处不来的个人或小组之间。有时还会请第三方代为转达，并嘱咐第三方不要透露自己的身份。

2. **矛盾不公开**

同事间的私下争执，大家一直没有发现。个人的受挫，以及发泄错地方的愤怒，会在一些不太要紧的话题上引发激烈的论战，例如，在哪儿办圣诞聚会，用哪个供应商，谁有权在预留车位停车，等等。

3. 用内幕结盟

拥有机密或第一手情报的人，只把秘密透露给选中的少数人。传递敏感信息时总是伴有一句警告："你要保证不告诉别人。如果被人发现是我告诉你的，麻烦就大了。"反过来，这些心腹朋友也理应分享他们听到的内幕。联盟就此形成，成员觉得有归属感。但与此同时，联盟外的人感到被疏远，被排除在外。

4. 流言为取乐

人人都爱麻辣八卦，即使不信八卦，也想听一下。流言制造机一般产出的是无害或娱乐性质的评论。但不幸的是，有些人的乐趣是传播谣言假话，就为博人注意。卑鄙地传播恶意的谣言，只会伤及无辜。结果导致名誉损、信任失、士气伤。

5. 企业记忆丢失

以前的合同记录找不到。已启动的项目叫停也不做解释。以为已解决的问题突然重现。经常无理由地重复工作，做过的类似任务被遗忘忽略。为了快速解决而放弃周详考虑，过去的错误一犯再犯。首要任务被淹没在走后门上马的项目与"面子工程"里。

6. 政策质询被忽视

在开放论坛中对公司政策有质疑的人，经常收到的答复是

"我会稍后回复你""来我办公室讨论吧"或"我会让相关人员处理"。如果质询人真的去了，对方往往不解释政策，而是为自己辩护。书面请求政策解释，没人回复；直接询问政策的执行问题，只会引起敌视，不会拿到答案。

7. 真情实感不公开

大家不乐意表达真情实感，怕被人指点或排斥。人若知道自己的感受不受尊重，就会藏着不说。即使内心强烈反对主流观点，表面也只会点头赞同；不表达感受是为了避免受伤。公开真情实感的人会被认为过于外露、应该学乖一点。

8. 找原因却变找碴

关注的重点是谁该负责而不是哪里出错。知道内情的人闭口不谈，直到调查结束。大家多把时间用来掩藏行迹，而不是寻找答案。犯错者被点名批评，用作反面教材。项目出错时，负起责任就意味着惨遭责备。

9. 无指示则不敢动

员工不敢自己行动，因为他们知道上级说的"由你做主"并不算数。员工从身体语言、字里行间寻找隐藏的动机目的。还要试探各级人员，确保上面不会反对。采取行动前要反复试验，以排除一切缺陷。由于繁文缛节太多，结果赶不上最后期限。

10. 同事之间缺交情

共事者之间似乎缺乏了解，下班后的交流很少。同事间很少问起、更很少说起各人下班后的生活。误解、怀疑、传达出错被认为理所当然，该庆祝的生日、纪念日、获奖、晋升却总是被人忽略。

11. 草率启动

对于一些重要事项，例如计算机数据转移、电话安装以及办公室地点变更，竟听命于一封措辞含糊的电子邮件而草率启动。具体的指导方针很难找到，计划安排很少遵照执行。被问到具体方针时，项目主管道歉说具体信息不足，只承诺会尽快答复。

12. 会议冗长

议程发布后又有新内容加入。对之前已经达成的决议感到不满的人旧话重提。个人发言不时冒出以下句子：我只占用一分钟；希望大家对此没有问题；我只有一个担心；我不太赞同。有时会议冗长到提出任何事情大家都会同意，因为都想快点脱身。

13. 不一致

引入新做法后总发生混乱。只有部分人按指示操作，自然产生不一致的结果。但没人指出这种不一致，也不寻求澄清指示。公司政策不公平，干的活不在职责与能力之内，酬与劳不一致，却没人抗议。会议上介绍新做法时，听众心口不一，有意见却不提。

14. 鸡毛蒜皮

不讨论重要议题，开会只谈鸡毛蒜皮。连怎样完成一项针对复印需求的调查都要细谈；饮食服务主管在会议上展示菜单上的变化，包括每一道菜的营养价值；设备管理安排与设备更换规划是会议最后一项议程，时间允许的话还会继续讨论个没完。

15. 不切实际

鼓动式的讲话、啦啦队式的喝彩时段莫名其妙地增加。公布对未来销售与获利的高额预期时，充满了自吹自擂。规划的长远增长数字不切实际，但大多数人却能接受。实干家齐心协力、鼓足110%的干劲，但对于为何行动却不够了解。

16. 你我双方闹对立

观点有分歧时人们总是被迫站队，不是赞同就是反对，很少寻找替代或折中方案。双方都备受刺激而设法证明自己正确。选择阵营要小心，因为失败方的下场可不妙。双方首领用隐含的威胁来取得效忠，例如"记住是谁在管你的饭碗""要么听话要么走人"。

17. 完美主义太严苛

细节管理者在控制每一个结果。无论员工多努力、成绩多好，都还是达不到期望值。常批评，不表扬。简单的错误与无害的疏忽被严重夸大。员工稍有违规就被处罚、降职。提前干完的人要接更多的活。没有适可而止这一说。

18. 用亲疏来评好坏

升职与否看亲疏。性格在谁与谁交好方面起关键作用。合不来的员工就贴上"坏"标签，经常连补救的机会都不给；"好"员工就是与同事合得来、不惹上司讨厌。工作绩效似乎并不重要。

19. 管理层脱离群众，看不见问题

员工觉得管理层脱离群众，看不见问题。长久以来的人事问题一直得不到解决。抱怨与担忧受到忽视。管理人员经常不在，总是在外开会。管理层不了解员工重视的是什么，双向交流不存在。

20. 管理层脱离群众，决策分派系

思维相似的人组成小集团，自己拟定一套工作日程。各个小集团都在争取稀缺的资源，有意互相隐瞒信息。积极主动的员工被认为受到管理层的宠爱。有关系的小集团首领似乎拿得到想要的一切设备与人才，圈外人士还在等待审批。参与者想当然地认为：管理层如果早已知情，想必是毫不在意的。

上面汇总介绍了一些可能出现在你身边的失调类型。在努力恢复职场运作的过程中，你也许还会发现其他失调行为，发现后请把它们加入行动方案。失调的状况并不是永不好转，但如果不采取行动阻止，病变就会继续。

（二）警惕其余失调行为

1. 被迫卷入过多杂务

正如改造房屋时会暴露白蚁问题，在全组织范围内进行质量改进、团队组建、重组与裁员也会曝光失调问题。安装新的电话系统或升级计算机，都有可能让管理层在匆忙中转移工作重心。

某个部门主管本来没打算与办公室搬迁项目扯上什么关系，但因为有人为了谁在靠窗位置办公、新桌椅要放在哪里等问题争论不休，结果他不得不进行调停。每当发生的事情大大超出预期，就表明又有失调问题暴露出来了。

某个监督员本来只是试图调整工作计划安排，结果却发现要没完没了地跟管理层的上层以及工会代表会谈。随后，他建议让新员工参加岗位轮换培训，结果"一切都见鬼似的糟透了"。

大型组织非常方便隐藏失调问题。想要发现失调问题，领导者必须分别聚焦研究每一个工作小单位。

2. 员工性格导致问题

领导者还应该警惕那些由各人性格造成的问题。

一部分员工坦率地告诉他们的上级：那位"不粘锅"先生很有问题，跟他们在工作上合不来；如果管理层能把这人踢出管理队伍，情况就会好转。但是当领导者试着了解这位"不粘锅"先生到底干了什么事情才这么不被信任时，又觉得员工们投诉和指责的理由听起来不真实。

确实有一位"不粘锅"先生，油盐不进，什么意见建议都不粘在心上。以前也有另一位经理叫这个绰号，那人下达的指示模棱两可，总是需要别人来问清楚。现在这位"不粘锅"

先生，如果下属把事办对了，他就把这当作自己的功劳；如果事情出了差错，即使下属完全是按照他给的信息来办事，他也会否认曾经给过这样的指示。

他经常在私下向下属说事，但是对不同人说的版本略有差异。两位下级碰面后对比了一下双方听到的版本，才发现"不粘锅"先生的两面派行径。他们跟同事们说起这个问题，才发现这是"不粘锅"先生挑拨离间的典型手段。

那件事情发生时，正好那家公司请我过去咨询一些事情，就顺便请我去看看"不粘锅"先生与下属的会谈。面对一张个人署名举证的单子，他装出一副惊讶的样子，否认自己说过单子上的任何东西。当下属们轮流复述了从他这里听来的话时，"不粘锅"先生特别熟练地推卸责任说："呃，我可能说过这样的话，但你不应该传出去。我们说好了不要散布谣言。就算我说了，你也没有权力传播。"

他接下来咬牙切齿地责备下属守不住秘密，结束时还特别突兀地来了一句他再也不会信任这些下属了。整个小组你看看我，我看看你，感到沮丧。他们意识到：虽然他们这么坚定地努力过，但是没有一条批评意见能够粘附在他的心上。这次的经历，让他们对他完全失去了信心。让人伤感的是，下属之间也不再互相信任。

管理层高层发生变化，比起监督员或领头人的变动来说，比较不可能引起失调。高层变动对执行层面的影响力似乎是最小的。部门主管换人可能不惹人注意，但是如果换掉基层负责人，会大大影响生产，还会大大影响管理工作的重点任务。

3. 电子通信不够准确

当今的实时电子通信也有可能助长失调行为。随着大家面对面交流的减少、对电子通信手段的依赖增多，他们也就比较不注重传统的政策、标准和规程。结果就是，经常要靠牺牲准确性和可靠性来获得速度。

在失调的工作场合，电子通信内容很容易被误解。低绩效员工在接到模棱两可的信息时懒得去问清楚——传递电子邮件里的流言和半成品想法，他们觉得没什么大不了的。

在本章结束之际，请记住：如果需要清晰地传达信息、尽量不被误读或误解，那么，面对面地解决问题与做出决策的效果是最好的，很难被电子邮件和短信替代。

第 10 章
化冲突为财富

冲突是利益不一致的人合作时产生的正常结果——我们通常每天花上 25% 的时间来处理冲突。遇上糟糕的情况，这个数字变成 60% 都不奇怪。

经理们被问到自己的员工需要哪些培训时，通常都说"冲突"这个议题变得日渐重要。美国管理协会的一次调查显示，冲突管理的重要性比起计划、交流、学习与决策来，"有过之而无不及"。其研究结果也指出，处理冲突的能力将在未来变得越来越重要——而这一预言已被证实。

如果不给员工提供一个解决分歧的有效方法，他们很快就会难以共事合作。不用多久，这种分歧就能侵蚀人与人之间的互相尊重。

领导者常常为无法调解下属的职场矛盾而沮丧。通常他们都只绕过问题，觉得不可能解决得了。他们觉得处理矛盾的过程是一场灾难，而且不可避免地分散了精力、摧毁了士气、造就了不同派别并加深了分歧——换言之，助长了职场失调行为。

大多数人都从消极的一面来看待冲突。我们所在的企业背景一般不允许有各种不同的观点。我们一向认为冲突具有破坏性，因此避之不及。结果，对于融合不同观点所展现的创造性，我们也就缺少了欣赏的眼光。

持这种消极看法的人并没有意识到：若处理得当，在解决冲突的过程中就能揭露隐藏的问题、打开新思路并且激发创造力。若安排妥当，冲突就会变成职场创新能力、问题解决能力以及团队组建能力的天然源泉。

一、全面看待职场冲突

要怎么设计一个可行的冲突解决程序？首先要了解职场冲突背后的动机。大多数冲突都是从小事开始的，但在充满了不清晰、不一致和不确定的职场文化中会被放大——这种氛围常见于缺乏正确的计划决策过程、运作不佳的组织。

大部分的职场冲突可追溯为以下几个原因：权与责的问题，有限资源的竞争，问责制的缺失，工作优先项不明，政策执行不力，道德价值观缺失，沟通不清，以及各人对职场行为的期望值存在分歧。

实干家对自己的期望不同于对同事的期望，也不同于同事对实干家的期望。当期望不同时，分歧是不可避免的。各人为追求自己想要的结果而采用了不同的工作方式，亦造成了冲突。不同的工作风格可能会触发职场最常见的冲突：性格碰撞。

用不了多久，这样的分歧就会侵蚀削弱人与人之间、部门与部门之间的互相尊重。既然如此，要如何让拥有不同行为模式的各人一起共事呢？答案是，百花齐放，人尽其才。把各人观点分出高低优劣，只会激起争论，不能解决问题。强调谁对谁错时，冲突就成了"你反对我"，导致分裂与失调。

> 学者阿莫德和威尔逊在美国的阿肯色大学做过一项划时代的研究，其结果表明了小组构成在团体表现中的重要性。研究对象分为两组：同质组，即组员拥有相似的特征；异质组，即各人具有不同特征。两组人要完成同一批任务，包括结构分析型任务与开放型任务。结果分析显示，异质组的决策质量明显高于同质组。
>
> 研究结论是：比起性格相同的人构成的小组，不同个性的人组队表现更佳。潜在设想是后者在实验中利用不同组员的差异取长补短。换言之，他们找到办法解决了冲突，或者至少没被冲突拖累了合作的能力。

关于团队合作价值，有许多想当然的说法并不靠谱。例如"组队总比单干强"就不一定对。必须要有办法解决组员之间、小组之间的分歧，这说法才站得住脚。

二、重点探讨禁言事项

要对付冲突，本章我们要讨论的一个重点是：禁言事项。所谓禁言事项，就是那些让人觉得"不可说""说不得"的事情，包括冲突。

（一）了解禁言事项背后的大众心理

大多数人会避免公开讨论非常严重的冲突，不希望情绪外露造成不良后果。在我们的性格形成期，作为我们社会导师的父母和老师警告我们不要心直口快，以免祸从口出。他们强调，合作共事很重要，不掀风波很重要。再比如"没好话就干脆别说"等，明明白白地警告我们要在他人面前闭紧嘴巴——或至少注意自己说的话。这类童年时期的警示旨在教我们不冒犯别人，但深层原因更有可能是：想防止我们在长辈朋友面前让长辈尴尬。

我们大都记得，小时候大人责备我们之后会加上一条"不能在客人面前提到……"教完以后，我们一般都不会忘记。长大成人的我们仍然倾向于避免谈论可能引发争议的问题。

（二）明白禁言事项有何负面影响

当有着不同风格、价值观和行为模式的人组队共事时，肯定会有冲突。然而，掩耳盗铃地把冲突当作不存在，即列入禁言事项，只会树立障碍。如果工作小组无法解决冲突，该小组终将变得失调，工作表现也不会符合期望值。

其影响还是递增式的：禁言事项越多，则团队内、团队间的失调问题越严重。必须明白：列入禁言事项的未解决冲突，与组织的失调加剧有关。本书第 9 章提到过失调形成的四个阶段：

阶段一：无人要求澄清。

例如，某条指令的意思模糊不清，不知是让员工用这种方式还是那种方式来做某事，但员工既不指出也不要求澄清指令中的矛盾之处。

阶段二：忽视双重标准。

例如，同样一条规定，有人遵守有人违背，但违背的人并不会受到任何惩罚。

阶段三：闭口不谈问题。

存在指令不明与双重标准却不能公开讨论。员工不会冒着让自己或其他人陷入麻烦的风险来说出真相。

阶段四：讳疾忌医自欺。

团队成员彻底无视了组织内从不公开谈论指令不明与双重标准问题的情况。会议期间一片沉默，有可能是因为没有问题，也有可能是连"要公开讨论哪些缺失问题"都不能提。

队员不想公开讨论的有关问题，就会变成禁言事项。结果就是，他们漫无止境地讨论着不重要的问题，例如复印机的使用、办公桌椅问题、计算机系统问题以及由谁带什么吃的来参加办公室聚会这样的事情。

对一个简单差错的过度反应也暗示了禁言事项中隐含着更大的冲突。禁言事项越多，人们就越为紧张、急切地想避免谈论冲突，害怕遇到一次大爆发。禁言事项较多也表明，这个工作团队还没有找到有效解决冲突的方法。在未能解决冲突的紧张环境里，实干家很难从容应对、获得成功。

（三）初步了解冲突溯源

当某些事情导致冲突、且冲突没有得到解决时，这些冲突的源头都会变成禁言事项。

> 有两个员工决定要善意地公开讨论两人的分歧以解决某个问题。不幸的是，他们讨论到后面，各执己见互不相让。两人都感到挫败。分歧没有得到解决，反而扩大了。体验过失望以后，尤其是真情实感地投入过后，就容易留下阴影。所以，即使解决这次冲突的意义非同凡响，这两人也不可能再次主动把它提上议程。
>
> 这件事就成了禁言事项。其他员工讨论各自的分歧时也经历了类似的结果。整个团队的禁言事项越来越多，不信任的情绪蔓延，而这种没有实质效果的办法却被立为工作准则。除非改变这种依赖禁言的行为模式，否则禁言事项将会继续增加，直到整个团队最终被这些难以消化的问题呛到窒息。

记住，目标并不是减少冲突，而是处理冲突。冲突是创造力的天然来源，是协作增效的根本因素。只有当我们将冲突束之高阁、避而不谈时，冲突才会发挥不出作用。未解决的冲突阻碍我们去寻求互助方案，从而阻碍了集体齐心协力找出路。我们要有一个正式的培训项目，让大家有一个公开的讨论平台，来仔细分析并充分了解冲突。

冲突管理旨在把禁言事项过一遍。一般来说，最严重的冲突问题放在禁言列表的最上面。这些严重的冲突不但出现得早，而且由来已久，导致分量格外重。最近发生的禁言事项附在禁言列表的底部，一般是不会造成严重冲突的问题。讨论的顺序是从底部开始，逐条往上。了解冲突溯源如何进行，有助于整个团队最终讨论到那些妨碍工作的深层问题。

按这种方式处理冲突，随后的冲突可能更好解决，当事人的满意度也更高。冲突溯源让参与者放开交流，因而让他们能够探讨较为深层的禁言事项。如果问题无法解决，则先把它放在一边，不要为此打断整个流程。在其他问题取得进展之后，再回到这个留在一边未解决的问题上来。

具体要如何运用冲突溯源来讨论解决问题，可参照以下案例。

> 这是一家拥有九十年历史、代代相传的家族企业式农产品公司，聘请我担任观察顾问。公司内部矛盾之深，从第一次见面时就可见一斑。出席见面会的是将要继承董事会的下一届班

子。正当我准备沿着会议桌逐个认识各位时,一个愤怒的声音响起:"谁偷了我的笔?"立刻有人反驳道:"那是公司的笔,不是你的!"率先发难的那个愤怒的声音回击说:"笔上有我名字,你这是不问自取。"对方扔回来一句:"我不需要经过你的同意。你又不是我的领导。"看着他们所说的那支笔,我注意到笔上确实附着一条写有粗体名字的胶带。

随着其他人纷纷站队补充论据,这场口水战迅速升级。他们互相责备、互相揪错,就像隔着桌子在进行一场激烈的大型乒乓球比赛。显然这是常有的事,因为除我以外没人觉得不对。

然后随着争论愈演愈烈,他们翻出了个人恩怨与陈年旧账。这些冲突由来已久,有些直接就追溯到了童年时期。这简直就是我见过的最多的禁言事项。

见他们并没有打算听我发表意见,我觉得没有必要浪费我的时间,于是站起身来准备离开。有人注意到我的动向,问我要去哪里。我的回答是:"去向董事会提交我的报告。""你打算对董事会说什么?"他们问。

我开口缓缓道来:"首先,我的报告旨在确保公司的未来能够计划周到、有章可循、巧妙执行。为了能够及时做到这一点,我建议董事会在家族成员以外寻找人才,来填补即将空出来的董事职位。其次,董事会应该为他们觉得有成为管理者潜力的每个家庭成员都制订一项继任计划。最后,委员会须要求那些不包含在继任计划内的家庭成员接受培训,学会使用冲突溯源。"

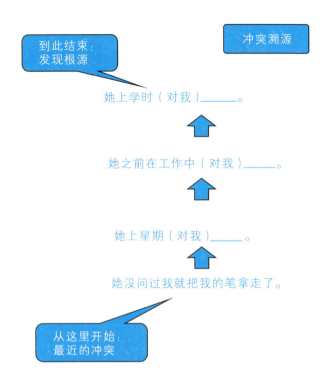

我继续向他们解释：今天会上的人如果不愿意找出这些人际矛盾的根源，那就没有任何办法能解决这些长期存在的冲突。结果就是，当事人只会记住自己在口水战中能够得多少分。这就是"零和游戏"——得分高的一方获胜，另一方最后放弃或停止争论。

获胜方不再提及此事，因为害怕对方获得上级领导的支持以后来报一箭之仇。失败方不再旧话重提，因为不想再次体验输掉的滋味。问题并没有解决，只是被加进了禁言事项。胜者得分（+），败者失分（-），一方得到的分数就是另一方失去的分数。

如果这种比赛继续，那么参加者在试图解决分歧时就会总是计较分数，这样的结果对所在工作部门毫无益处，还导致职场失调。只注重谁对谁错的领导，无法带领任何一个公司生存下去。

（四）进一步运用冲突溯源六步骤

下述冲突溯源模型可在第三方协助下适用于个人之间或团队之间。

1. 追踪迹象

冲突溯源模型第一步，是一旦冲突露出迹象，就要开始追踪。其迹象包括：有人露出惊疑的表情、发表尖刻的评论、不回应对方的请求或者小题大做，讨论的焦点在于谁对谁错，还有人们总是密切注意对方的反应。

2. 冲突发酵

冲突并未消除，而是越发严重。人们只会模棱两可地绕着圈子来谈论冲突问题，并且继续忽视误解的存在。更多的人似乎意识到了冲突存在，即使他们对于牵涉其中的人或事并没有充分的了解。他们要么开始选择站队，要么躲得远远的，明哲保身。

接下来要进入的三个步骤就是冲突溯源的核心工作：辨清

状况，多方分析，探讨解决。为了不让冲突变成禁言事项，这些步骤是必须的。

3. 辨清状况

冲突已经显而易见，冲突问题需要公开讨论。要选择的策略应该是承认冲突的存在，同时不急于鉴定到底谁对谁错。

- 阐明我想要怎样的结果。
- 我不仅要把我的具体目的告诉关键人士，还要上报下达至整个组织。我的目的方针必须是合理的、可接受的，例如改进质量、减少人员流失、鼓舞士气或者提高生产力。
- 找立场公正的第三方来向直接相关人士收集信息。

4. 多方分析

召集关键人士，让他们秉承对事不对人的态度，协助检视冲突背后的问题。你要向大家解释这样做是在提供机会，好让众所周知有矛盾的人在小组会议的安全范围内沟通。要鼓励意见不同的人阐述他们的观点有哪些依据。另外还要向大家强调，虽然你对每个人贡献的提案都很重视，但你确实很想得到一个多方共同决议。

要融合各方的具体期望，方法是重点研究冲突各方的观点。你要询问各方从各自的角度出发有何看法，要鼓励他们：

- 列出每个人具体期望的事。

- 针对所有未达成的期望,找准根源。
- 分清每个人的角色。
- 明确每件事的意义,排出优先顺序。
- 公开表态愿意一直讨论出统一决议为止。

5. 探讨解决

让关键人士仔细研究这次的冲突问题。要把决议技巧和会谈方法向他们解释清楚,然后让他们说说期望这次讨论如何进行。

首先要准备好以前那些试图解决冲突时的讨论记录。

- 公开讨论以前用的方法哪些有效、哪些无效。
- 不要小看失败的经验,不妨趁这次机会再试一回。即使以前没有达成最终决议,会谈本身还是取得了一大进展,离"消灭禁言事项、开诚布公交流"又近了一步。鉴于之前建立了信任的基础,未来面临冲突时,各方将不再像以往那般剑拔弩张。
- 鼓励那些在冲突解决中尝过些许甜头的人继续完成整个

冲突解决流程。

- 指导那些有冲突未解决的人：要注重改变哪些事，而不是改变哪些人。

6. 和解

这是冲突溯源的最后阶段，要求对冲突本身、冲突背后的问题以及提出的决议方案再次评估。要注意遵守之前在第 5 步"探讨解决"环节中确定的时间安排。

在关键人物和中立监察员之中进行不用太正式的调查，用他们提供的信息来试着回答以下问题：

- 各方已经解决分歧了吗？
- 有没有人感觉受到了伤害？
- 需要平复伤害或进行补偿吗？
- 与会者是否符合彼此的期望？
- 从中得到了什么经验教训？
- 如何运用这些经验教训来应对未来冲突？

如果有必要采取进一步行动，则召集相关各方再次通过上述流程来处理原有矛盾中未解决的问题。要让他们明白：达成决议很重要，他们有责任做到。

三、 放长眼光管理冲突

在评估是否需要解决冲突时，要考虑到生产力与工作满意程度之间存在的直接联系。满意度下降，生产力也会下降。各人的性格冲突、恶劣的人际关系和管理层的态度是造成职场摩擦的主要原因。如果没有冲突解决方案，围绕着工作而产生的冲突将会破坏人际关系，让员工彼此分裂。研究表示，员工中最有用、最能干的实干家会第一个逃离这种不利的工作环境。如果高绩效的实干家都去别处寻求和谐的环境，想想会有什么后果吧。

低绩效者害怕出错，或者担心自己的观点与别人不同。他们把冲突解读为其他人不认可他们的表现。他们对冲突这件事有一分为二的看法。他们觉得"如果我是对的，那就说明你是错的。但如果遇到反过来的情况，我宁愿不知道我错你对。"

冲突解决方案可以做些调整，以满足所有组织、工作小组或个人的需要。我们大多不愿听反面意见，是因为害怕会让自己被贬低、被伤害、被暗指能力不行。为了能够解决冲突，需要改变这种想法。

（一） 为何需要放长眼光

冲突管理的最终目标是寻求长久之计。权宜之计并非长期管用，需要想办法升级为长效之策。若仔细审视一番，也许就会发现：用了权宜之计后有些更深层的问题仍在恶化。人们在有机会反思以前的矛盾时，常常承认他们对于以前采纳权宜之计的结果并不满意。

很多时候，人们的第一反应就是对冲突避而不谈。其实对冲突多一些讨论才有可能获得经久有效的解决方案。富有成效的方案决议往往融合了每个人的期望。花些时间促成长久有效的解决方案，从而建立起信任和承诺的基础。

（二） 如何做到管理冲突

让低绩效者参与冲突解决项目的培训，就等于让他们负责解决自己的问题，而且让领导层从中脱身、转战其他更有效益的任务。

由领导来调解下属矛盾时，解决问题就成了领导的责任。以后下属还会想着让领导来裁决，这就变得费时、低效，还可能导致失调。被调解人对调解决议没有任何付出，所以他们并不觉得自己对问题本身或问题的解决负有责任。更重要的是，裁决调解会助长争议、轻慢与分裂。

要建立更团结一心的氛围，就要避免说那些妄下结论导致分裂的话，例如：

 "对，但是……"

"我不同意。"

"你错了。"

"大家都知道……"

"你没弄明白的是……"

这样的说法等于是划界限,不利于进一步探讨不同的观点,尤其不适用于和低绩效者讨论。鉴于冲突管理旨在尽可能汇集各种观点,因此要让高绩效者与低绩效者都参与这个过程,让他们觉得自己是团队的一员,决议过程与自己息息相关。

为了增进与参加者的联系,尤其是当持有不同观点的人表现强硬时,不妨说些这样的话:

☆ "对。"
☆ "而且……"
☆ "也就是说……"
☆ "行。"
☆ "好。"
☆ "谢谢。"

这种增进人与人之间联系的话语,会让对方觉得自己的贡献获得了认可。当低绩效者知道自己目前的观点得到承认时，就更有可能改变原有立场，而且会用更加开明的态度来看待其他人的立场。

在失调的工作环境中进行冲突管理，要注意这几点：决议程序要恰当，策略要符合团队需求，各人的期望要协调融合，会谈之前要做好准备，解决方案要长期有效。

共事的人必须学会的是：如何表达他们担心的问题，如何问出难以启齿的问题，如何面对那些造成团队分裂的核心问题。如果没有一个有效的冲突管理程序，那么任何工作团队都不可能取得很高的成就。记住，如果不打败冲突，就会被冲突打败。

第 11 章
如何应对变化

进步型的公司组织，为员工提供突破目前实力的发展机会，从而取得长远成功。让潜在实干家与公司未来的需求相结合，才能保持业绩的增长。

随着时间流逝与客户需求转变，领导者与追随者都必须认识到：工作方式需要有所变化——鉴于未来有些职责会超出员工现有的知识能力水平，如果组织无法让员工准备好应对未来的挑战，生产力很有可能会下降。

避免生产力下降的方法应该是：留意变化是以什么方式，潜入公司哪些地方。从前，为了避免生产力下降，可以组织一群人去外面放松开会做规划，市场预测也能做个长远预测，现在已经不行了。

变化十分微妙，不易察觉。如果变化一开始溜进来时你没发现，问题爆发就会显得很突然。你没发现是因为找错了地方。好比在前门设了岗哨，结果小偷从卧室窗口摸进来。

一、察觉与迎接变化

各行各业的性质不同，变化潜入的方式也就不一样。知道变化是从哪儿进入你所在的行业，有助于你主动出击，而非被动应付。

服务导向型的组织，变化潜入点是客户额外的要求、关注与期望。直接与客户打交道的员工，最能注意到客户新的需求与不满。员工提出适应客户需求的建议，管理层必须乐于倾听。需要改变做法的时机一到，下层比上层更能察觉。

美国的技术型企业，变化经常发生在员工要求得到一流设备、系统升级、个性化培训的时候。供货商与销售商之间的关系变化太快，难以长久追踪谁才是更可靠的信息来源。面对变化，有人适应较快，有人却原地打转，导致挫败感日积月累。还有不清晰与不一致这两个问题，让中层人士感到泄气。

美国的教育机构总是忽视变化，直到公众通过政治程序要求立法改革为止。作为回应，教育机构聘请其他教育家出面证明：改革没有必要，只需要更多教室、更多设备、更多资金。变化如果能有，也要等到多年以后。好不容易才有的调整，通常不是太迟就是太少，根本产生不了重大影响。

美国的政府机关比其他行业更常遇到变化，因为有关法律法规常有变动，机关也就总是处于变来变去的状态。问题在于，许多由政治决定带来的变化，在下一次选举后又被推翻。机关人员不怎么为变化而激动。他们反而是坚持现状不改变，因为知道最新动作不会持续多久、不太可能影响工作。

医疗行业要么忽略变化，要么在看病费用与医疗技术进步之间苦苦挣扎。管理式医疗已经迫使医疗服务商改变了对医疗经济学的看法。随之产生的混乱，行业内外都有切身体会。变化给医疗行业全体人士带来了损害。

但无论各行各业的变化在性质上有何不同，实干家都需要集体审视旧习惯与老偏见，更新思维方式，学习新的技巧，准备改变做法。

变化提供了一个质疑现有程序、与未来需求作比较的机会。这也是剖析企业当前文化、判断有何偏差的机会。有毛病就趁现在把它治好。

二、为变化做好准备

逼着没做好准备的人改变，就等于让右撇子突然开始用左手。即使当事人同意改变、并且开始有意识地使用左手，但在变灵活以前，僵硬的左手肌肉会产生强烈的抗拒与痛苦。这大概就是为什么许多人把改变看作痛苦的经历。

组织是否有活力,取决于它能否尽可能安稳地做出改变。选对策略会让整个过程少一些针对个人的意味、多一点实际效果。实干家也能够更好地发挥表率作用,帮助同事在应对变化方面做得更好。

组织与个人一样,准备好了自然就会改变。诀窍在于让各部门小组在恰当的时机准备就绪。牢记这一点,好好琢磨以下三种策略。

(一) 琢磨应对变化的策略

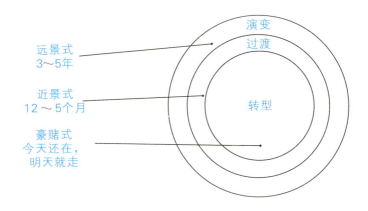

远景式策略——这种演变性质的策略也叫长远计划,因为

要考虑事情在三五年间的变化。目光长远，就有充分时间来吸收变化带来的效果，避免产生任何严重后果。人们有时间去考虑：变化会如何影响个人与集体。公司提供机会让员工找管理层一起探讨某些担忧，还会定期修改计划、做出调整，以保证接受度与参与度。

近景式策略——这种实用主义的策略有时也称过渡计划。有固定的时间表，包括具体的起始日期，而且通常时间跨度较小，一般是12～15个月。一要在详细审核成本与利润时重视盈亏底线。二要注意回报率，叫停或搁置边际产品与服务。三要让效率专家降低成本、消除虚耗。四要调整绩效预期与生产目标，以匹配收入预期。这一策略常见于预算过程，通常整个组织都要参与其中。

豪赌式策略——这种不破不立的策略，委婉地说是精简、改组，实际上就是裁员增效。其方针是当即转型——今天还在，明天就走。措施包括大幅削减开支、大量裁员、突然停业等。全体迁移，有时是跨国迁移，目的是去往生产成本较低的地方。通常极为保密，直到最后一刻才揭晓，让人目瞪口呆，在公司范围内造成冲击波。改革时用这一策略来保存生力军，效益立竿见影。

（二）留意不同人对于变化的反应

通常有三种反应：

主动出击型的人对付变化的方法具有进步性。他们倾向于重视创新，并积极地应对负面的评价、困难的挑战、集体的担忧与个人的评判。最显著的特性是：预测变化，创造条件，解决问题，评价自己。

刺激回应型的人反对大多数事情，倾向于充当反作用力来公然抗拒改变。他们有强烈的生存本能，一下子就能察觉到威胁。这些人逃避责任，事情一出错就推到别人身上。最显著的特性是：喜欢指责，一心抵抗，公然作梗，散布谣言，说三道四，从中作乱。

反应平淡型的人对成长与发展持中立态度，能接受改变，但缺乏热情。他们用回避承诺、躲过严肃问题的方式来避免得罪人。他们要看见改变的作用才会接受改变。最显著的特性是：墙头观望，要有附加条件才会批准、支持或同意。

下次变化发生时留意一下，你会发现大部分人反应平淡，并对另外两派之间的角力作壁上观。直到目睹管理层对此态度严肃，改变确实正在形成，他们才会停止墙头观望。

（三）实干家需要哪些准备

把变化有可能带来的阴暗面全面曝光，这会让每个人都能确切了解所面临的挑战。更重要的是，这会激发人们寻找新工具与新方法以创造成功的条件。最后，我们得出一组崭新的重要问题：

- 谁来负责？

- 是否哪里有遗漏？
- 指挥链如何构成？
- 需要谁的帮助？
- 有何现成资源？
- 如何让人参与进来？

实干家需要得到以上几个问题的答案，才能为新产品做好准备。有了答案之后，实干家能够立刻在新产品的计划阶段提出建议，帮助产品在开发的过程中得到完善。

你会发现，当实干家把重心从过去转向未来，他们就会开始提出如下任务型问题：

- 如果我达不到工作要求，会面临什么后果？
- 如果我需要帮助，有何现成资源？如何获得这些资源？
- 我有多少时间来交出一份可接受的答卷？
- 我现在应有的做法与以往做法有何不同？

以上几个问题必须得到解决，实干家才能为迎接后面的新变化做好准备。如果这些问题没有解决，实干家就不去冒这个风险，以避免可预料的失败。另外，团队还需要围绕变化这个话题展开集体讨论：不仅要讨论是什么事发生了改变，还要讨论这一变化如何影响实干家的合作能力。

一旦大家接受与理解了预期要发生的事情，作为一个负责带领大家改变的领导者，只需要在问题发生时通知实干家，并在他们做出所需的调整时予以表扬。

三、着手应对变化

（一）规划：管理层不可单干

全组织的改变不仅是管理层的工作，还必须通过有意义的对话、有针对性的计划来让实干家参与其中。

使实干家投身其中的最佳方式是：组织各个实干家小组来重新分配资源、重新设计工作流程，从而使公司的产品与服务更有销路。

一旦把实干家分配至各个专题小组，管理层的下一步就是：提出一组从策略上针对变化本身的任务型问题。

- 有哪些潜在的障碍在阻挠成功？
- 有哪些无用的措施需要纠正或摒弃？
- 有哪些有用的措施需要确认并保持不变？
- 有哪些现有的措施可以修改、并用来支持本次改变？

向实干家提出任务型问题，会让他们感到自己受重视，还能让不同工作部门的实干家互相建立新的关系。实干家在发展、运用自己新技能的同时，也需要互相支持。

改变即审视旧习惯、拓展新思维、获得新技能，以及为创新做好准备。改变是探讨、剖析并权衡公司未来需求的唯一时机，以判断是否有哪里出了问题。

改变也为实干家提供了一个千载难逢的机会：一是考虑如何把集体的能力发挥到最大、发挥得最好，二是思考能做什么来确保公司的竞争力。

（二）过程：让参与者集中注意力

警告：你本是好意让大家一起商讨对策，但如果不小心，就会变成集体心理疗程。

因此，为了尽量控制牢骚与抱怨，会议议程要有一连串的任务集中型问题。提这些问题的目的在于：让大家团结起来，共同探讨某个话题。

回报：最神奇的感受莫过于，看着人们怒气冲冲、心烦意乱、剑拔弩张地来参加问题解决会，结果没过多久，焦点就变成了如何为改善组织运作使出自己的一份力量。

若要效果达到最佳，需要领导者与追随者同时为变化做好准备。评估哪些人已经准备就绪，能够帮助全体人员赢得一个好的开局。

然后，设计以下问题，目的就是让大家携手围攻这一次挑战。

- 我能帮上些什么？
- 准备时间要多久？

- 我现在的哪些做法已经没有必要了?
- 我现在的哪些做法需要改变或修正?
- 谁已经准备就绪、谁还要更多时间?

这类问题不批判也不挑剔别人,只为有意义的对话开启一扇门。一旦大家习惯了提出任务集中型的问题,他们会借助这一全新的、有用的语言方式,有针对性地提出新的问题。

(三)结果:态度端正,行动开始

令人满意的是,当参与者意识到不仅自己,还有整个组织都在经历过渡期时,你会看见他们对变化的态度也有所改变。与会者在讨论新做法有哪些好处时,你就知道改变开始确立。到了这个时候,即将到来的改变本身就有了生命力。

四、进阶版:如何面对充满系列变化的过渡期

过渡期内面临的挑战有可能来自一系列变化,管理上需要有相应的一系列措施。有效的过渡期管理,需要高度的信息共享。实干家需要了解的不仅是表面信息,还有信息背后的意味,以及别人期望他们采取什么行动。

组织内的过渡期沟通必须专注于推动实干家前进。当实干家对沟通过程信任有加时,他们更有可能相信自己说的话有分量、自己对组织很重要、自己的想法有价值、自己的贡献受重

视。这有助于实干家在整个组织的过渡期中发挥更大的作用。

（一） 遵循过渡转变指南

为了确保一切改变依照计划进行，请遵循下面的过渡转变指南，每一个受到变化影响的部门，在日常程序中采取这9个必要的行动：

- 明确接下来的改变有哪些细则。
- 找出最受其影响的个人与小组。
- 监察每个部门的集体机变能力与活力。
- 分析此次变化的政治内涵。
- 判断员工所需新技能，提供培训。
- 管理层在辅导下带领员工过渡。
- 对最抗拒变化的工作单元进行干预。
- 建立沟通渠道，确保通知到位。
- 成立过渡期监察小组。

关于过渡期监察小组，该小组的方针是：在过渡转变期内，促进向上传声交流。监察小组采取任何行动都必须先取得上级管理层的同意。

小组成员为5～7名倍受尊敬的实干家，来自组织的各个部门。他们支持组织做出改变，且一向可信可靠。

监察小组通过定期与协助者碰头，追踪了解公司转变过程中的员工情况与事务进展。

监察小组的职责与作用有：

- 证明管理层想了解员工情况。
- 在公布之前对变革方案进行审查。
- 快捷进入员工私下情报交流网，以解开误会、纠正虚假信息、制止无中生有的谣言。

如你所见，光是指南就多达 9 条，可见带领大家渡过转变期是一项浩大的工程。当直接受到影响的员工能够看出改变的意义时，他们就更有可能支持改变。领导者的挑战在于向所有追随者展示这次的改变具体是什么样子的，让追随者可以理解、赞赏和接受领导者的想法。

（二）活用绩效路径模型

绩效路径模型列出了那些共同影响工作绩效的关键因素，让过渡转变过程变得直观：绩效路径以个人情况为起点，随着时间推移，最后得到可衡量的结果。

绩效路径模型旨在为领导者提供一个直观的道具，以找到那些在过渡期间对追随者的工作绩效有负面影响的因素。该模型在杜绝徒劳无功的工作行为方面十分有效。

在开始之前，先用一点时间想想：追随者中有哪一两个人遇到了过渡期，马上就需要一剂强心剂来提高工作绩效？要牢牢想着这些人的情况，来学习运用绩效路径模型。当然，你也可以考虑把该模型往自己身上套。

1. 了解绩效路径模型

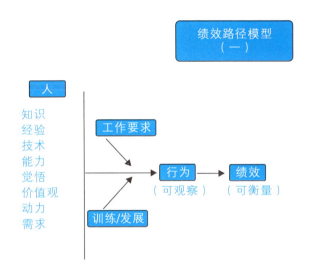

（1）人

各人在工作中带有许多自己的特质。有些特质让人中意（带来效用），有些特质不受欢迎（带来失调）。模型中的"人"这部分，明确了8个可能影响工作绩效的因素。随着人慢慢习惯了自己的工作，这8个要素也会随着时间流逝而发生变化。

☆在实干家身上，这些因素会发生好的变化。

他们增长了知识，拓宽了经验，开发了技术，提升了能力，提高了觉悟，深化了价值观，增加了动力，扩展了需求。这样的人对于改变已经准备就绪，并且很容易适应即将到来的一切。

⚠️绩效不佳者，也会把个人特质带入工作中。

但不同于实干家的是，绩效不佳者安于现状，而不是寻求改进。一般来说，他们要用更多时间才能习惯自己的工作。与此同时，他们忙着摸索能被接受的底线，而不是考虑如何提高绩效水平。所以他们最不想经历的就是转型过渡期。

（2）工作要求

这里指的是：受到绩效路径模型测评的这个人，别人期望他在什么条件下做工作。不同于岗位说明里的任务和职责，工作要求是用过去、现在和未来的期望值来定义的。例如：聘用或升迁这个人担任这个岗位，是因为他过去的工作表现？是因为这个岗位现在的需求？还是因为他未来的潜力？

在同一个岗位，面临工作要求的增加：

☆实干家珍惜这个取得进步和承担更多责任的机会。

⚠️安于现状者觉得自己受到了威胁。落后者对永远不变的工作感到满意，而实干家如果没有成长与发展的机会则感到乏味。

（3）训练/发展

训练关乎短期内的提升和改进。发展的重点关乎未来的成长和潜力。员工的技能水准取决于组织的训练/发展理念。

若组织的理念是聘用或提拔那些训练充分、准备就绪的人，那就必须重视招聘和选拔过程。这个用人策略，期待的是员工在相对短的时间内达到相对高的绩效水平。

另一方面，如果用人策略是在实际工作中训练和发展员工，那么组织对员工绩效的期望值相对低一些，也会给员工更多的时间来把事做对。

（4）行为

人们针对工作环境而采取的反应是可观察的；反应方式既有良好的，也有失调的。人们到底是接受改变还是拒绝改变，领导者如果仔细观察，就可以从工作相关行为中发现最初的线索。

☆实干家在勇往直前、尝试新事并做出改变。

⚠️安于现状者则是在一味退缩、躲避新事并因循守旧。

（5）绩效

绩效是人、工作要求、训练/发展和行为之间互相作用的结果，可以衡量。绩效是路径的终点，帮你发现究竟是哪些东西有效果、哪些东西没作用。一切计划的结果都反映在这最后阶段。

不过，这终点也是新的起点——在这里再次启程。知道结果以后，领导者就能够向低绩效者和落后者展示：如何重新梳理一路走来的各个步骤和方方面面，探索改进之法。领导者会向他们指出下次有哪些地方、哪些事情用哪些方式会做得更好，而他们通过这样一步步梳理整个模型，将会受益匪浅。

2. 有策略地运用绩效路径模型

如绩效路径模型所示，绩效由工作要求和训练或者发展之间的平衡来维护。这意味着，要提供某种形式的培训教育，来为今后工作中的变化做准备。只有当员工已经展示出对目前技能的信心时，才引进新的工作元素。

但绝不应该等到绩效下降了才提供培训。低绩效者不愿承认自己不知道怎么做某项事情，因此，能否发现他们的弱点并让他们的工作技能保持与时俱进，取决于领导者。

长期的成长要通过估计未来的工作要求、为追随者提供超越自我的发展机会而实现。记录当前的绩效很重要，但知道每个人的潜力则更加重要。

随着时间流逝与工作要求的改变，追随者会接受"自己现在的做法未来某一天需要改变"这个事实。然而，如果新的责任超出他们的知识、技能和能力范围之外，他们会受到负面的影响，从而导致绩效下滑［见绩效路径模型（二）］。

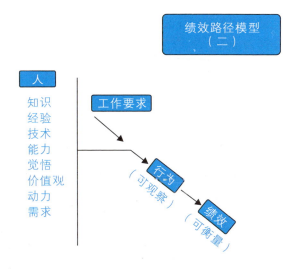

⚠️失调下的训练并不能使坏情况好转。在失调的工作场所，总是在变化发生之后才采取行动——为那些因工作要求变化而最受负面影响的人提供的训练姗姗来迟。这样的训练并没有使坏情况好转，说不定只能让紧张的局势升级。为什么呢？如果没有明确训练的目的，那么领导者和追随者的不同期望值必定会发生剧烈的碰撞。

领导者期望看到绩效出现实打实的提升，而追随者却只是期望"没有赤字"——让绩效回归到下滑前的水平。遭遇变化以后，如果经过训练但绩效还是没有改善，领导者会谴责这些训练项目浪费时间和金钱，追随者则会得到绩效差评。难怪变化会导致人心惶惶。

☆有句话说得好："宁愿'确定将来会痛苦'，好过'因为没法确定所以痛苦'。"人们更想事先知道改变会带来怎样的影响——包括坏的影响和好的影响。在运作良好的情况下，追随者在变化发生之前就已经做好了准备。如果领导者希望追随者积极接受变化，就应该频繁召开会议，印发图表和计划书，并且针对即将发生的事情发表自己的见解。由领导者为最受变化冲击的员工描绘出直观的未来蓝图。训练员工为变化做准备，能够积极正面地影响他们的行为，并且让绩效路径上扬，于是绩效增长［见绩效路径模型（三）］。

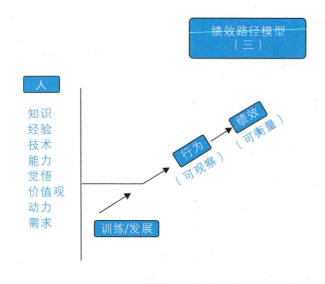

第 12 章
给期望以回应

你多久会遇上一次不符合自己期望的情况？也许能记起好几次吧。为了接下来的讨论，请考虑以下假设的情况：

你买了自己最爱的乐团的音乐会门票——你的期望是什么？什么情况才算值回票价和所花的时间？

让我们快进一下，直接拉到表演结束的那一刻。结果符合你的预期吗？如果符合，你会感到高兴并且认为钱花得值。如果你对表演失望，你就会经历心理学家说的"自我挫伤"。也就是接受对自我的责备，觉得"我早该知道这个结果。我要是没花这笔钱就好了。我理应在家休息才对"。

这些"早该""理应"在心里喋喋不休，直到你终于意识到：不对，这不是我自己的错。"理应"达到你期望的是那场音乐会的表演者。他们理应准备得更好更充分，票价理应再便宜些，他们理应让你退票退款……这样的"理应"可以列举到你累了为止。

除非音乐会举办方做点什么来让你迅速改观,否则你每次想起那次糟糕的表演,心里都会涌起失望和不满。你很可能想方设法地让自己淡忘这次不愉快的经历,从而避免坏情绪在心里重播。还很可能告诉朋友们并且警告他们不要去。

你也许永远没有机会把你的感想告诉主办方或表演者。于是,他们也没有机会来给出更好的回应,好让你从"不愉快"变得"还行"甚至"不错"。

同样的"期望—回应"情况也发生在你和同事之间。如果他们达到你的期望,你会认为你们之间的关系比较积极正面,热切地想要保持关系。如果他们的回应达不到你的期望,你可能想要割舍与他们的关系。

反之亦然。由于你的回应达不到他们的期望,他们会倾向于割舍与你的关系。对于互不符合的期望和回应,如果没有一个探讨过程,那么随着时间流逝,人际关系就会变得互相敌视、分崩离析,而且一众当事人永远都不知道原因。

好在有一个方法,能让你对他人的回应感到不满时告诉对方你的感受,从而消除这些负面的情绪,并让你们的关系恢复到和谐状态。

一、 了解期望—回应模型

期望与回应的匹配过程分为几个阶段,各阶段之间互联互通。期望之后总是跟着某种回应,不管是正面、负面还是中立的回应，甚至无回应也是一种回应。期望和回应之间存在一个时间段：短至查邮箱的那几分钟，长至找工作的那几个星期、攻读学位的那几年，又或是事业上升的那几十年。

从期望到回应之间发生的事情总是受到状况、行为和感觉的影响。了解这个关系网中的每个因素，有助于当事各方改变自己的期望或回应，或两者兼改。

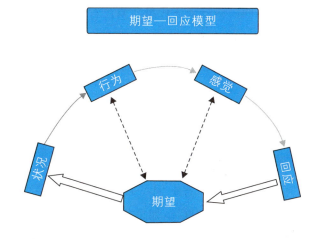

（一）期望

大家对某一件事都抱有渴望，却各自有不同的期望值。要做的是考虑到所有人的观点。你当然很清楚自己想要看到什么结果，不过要问自己以下几个问题："针对我提出的期望，各方当事人认为要给出怎样的回应？他们期待从满足我的期望值中得到什么结果？他们又期望从我身上得到什么回报？"

如果你愿意拓宽思路、考虑更多的可能性，就能收获较为满意的结果。有预见性地思考，你就能看出别人的期望在哪些方面与你不同，从而做出相应的调整。

（二）状况

绩效不佳者一般达到原来的期望就对自己满意了。如果有突发状况改变了结果，他们就把相应的责任推托给别人。和他们一起把期望—回应模型的流程过一遍，有助于让他们了解当前状况对最后结果可能产生什么影响。目标是：要么接受现实、努力适应现有状况，要么着手调整现有状况、尽力达成原有期望。

（三）行为

大多数的期望都是短视的、利己的——我能从中得到什么。这意味着，绩效不佳者期望"自己不说，领导也会自发了解并提供他们所需的东西"。如果领导的回应与他们的期望相匹配，他们就支持领导，而且工作表现积极。否则，他们就会对领导有意见，并且抱怨领导本来应该满足自己的需求，或者理应更努力地让他们过得更好。换句话说，他们只看领导"理应"做什么，不看自己"理应"做什么。

（四）感觉

人在有归属感和受倚重的工作环境中会更加愉快。这一事实，在我观察某家大医院的手术团队工作时得到了证实。

某一天，护士们照常聚在海报栏附近察看每日手术日程表。除了看手术室安排之外，还看自己团队分配到哪位外科医生。

护士们也在议论他们喜欢的医生和不喜欢的医生："我喜欢这个男医生。我不喜欢那个女医生。"乍听起来，他们好像是根据性格或性别来选的，但实际上并非如此。被问到时，护士们表示喜欢那些在手术前和手术中都能说清自己具体期望值的医生。这些医生对护士告知到位，能够在手术室内营造一种团队归属感。因此，护士们体会到自己是团队和手术的一分子，能够事先明白外科医生的需要，并做出适当的回应。

受人喜欢的医生们也对某些护士有类似的"喜欢"和"不喜欢"，理由也是相似的。护士和外科医生把自己的期望值拿出来互相知会，这就激励了整个团队在一起和谐地工作。作为一个整体，他们为每一场手术都做好了高期望值的准备工作，既是为自己，也是为患者。

达到期望值的时候，护士和外科医生都对这次合作充满好感。达不到期望值时，手术室里的整个团队都感到失望、受挫以及理想幻灭。但他们不会把这种糟糕的情绪拿出来交流，也不会探讨这一状况，而是选择保持沉默，以避免这种情绪外露可能造成的不良后果。于是他们就把有关这种状况的负面感受列入了第 10 章所说的"禁言事项"。

期望—回应模型让每一位护士和外科医生在不感到难受或窘迫的情况下，表达和谈论他们的负面感受和未达成的期望。

（五）回应

有力的领导者，其工作的首要目标就是对下属的期望给予相匹配的回应。第二层目标是针对期望值没有达成的各种情况，主动采取应对措施。第三层目标则是要么对达不到的原有期望值作调整，要么说服自己的下属接受另一种回应方案。

当然，对方的回应可好可坏。当下属的某个回应符合领导的期望时，往往不需要忧虑或反省。只要今后也记得给出同一回应，结果就是领导满意、自己也无须多言。

当领导对结果不满时，就需要让下属明白：回应方式究竟是哪里不符合领导的期望值。领导不妨采用第 8 章的绩效管理模型来寻找解决方案，告诉下属如何确保下一次给出正确的回应。

要引入绩效管理，最温和的方式是设计出一套问题核对表，与自然工作流程密切配合。然后和下属一起逐条核对，直到对方都确信每一点都已做到。这个流程一旦完成，下属会更加了解领导的期望值，从而能给出符合期望的回应。

二、运用期望—回应模型

（一）可打破虚构壁垒

当我们对一件好事满怀期望时，总希望等待的时间越短越好。你还记不记得，自己小时候掰着手指来等生日到来、挚亲到访和全家人一起去玩？即使长大成人，我们仍然盼望着工作放个假，和亲友、恋人共度闲暇。不幸的是，快乐的时间虽然让我们"乐"，却过得太"快"。这才是"快乐"的真谛。

当你因为可能发生的坏事而不抱期望时，你就不太想着手工作，而且希望时间过得慢一点。

1. 谁在使用虚构壁垒

把眼光放到职场我们会发现，实干家接受各种状况的挑战，并且努力应对，尽快给出自己的回应。

但能力较弱的员工则会试着拖延，希望推迟或避免有可能发生的负面结果。他们会努力说服上司降低期望值。在他们觉得上级制定的目标高不可攀时，通常就会这样游说。

如果这种退避战略不奏效，他们可能就用"拖字诀"，希望上级最后要么改变期望值，要么完全忘记原来的目标。不过现实中更有可能的是，上级并没有忘记，而是把任务转交给了"把事干成的关键少数"中的某个实干家。

一再拖延正是安于现状者的一大特征。延迟结果有时也能让人接受，但总要有个值得延迟的理由。比如，多花一点时间，就能确保得到更好的结果或回应。但如果延迟的理由听着就可疑，那么对方很有可能是在使用"虚构壁垒"。

2. 虚构壁垒为何存在

虚构壁垒，是安于现状者在希望拖延或逃避难题时所建立的虚幻屏障。当无法按时完成任务以达到期望时，他们会试图转移你的注意力，企图迟一些再回应你的期望。他们还通过拖延来设法降低管理层的期望。

例子之一就是"项目完成综合征"。新项目上马，执行能力弱者的回应是在工作开始之前就一个劲地建议："先不急，等到一切情况都清楚、一切资源都到位，再动手也不迟。"

"等到过完新年再说"也是一例。从十月底或十一月初开始就能听见这句话了。随着感恩节、圣诞节、元旦假接踵而来，这句话更是不绝于耳。你让对方赶快把某项工作交上来，对方的回应总是"人人都忙着为过节放假做准备呢，不能等我过完新年吗？"或是"反正年底之前也做不完，我一月份再动手做吧"。

安于现状者的普遍做法就是备着一堆虚构壁垒，以防万一自己达不到对方期望。要把虚构壁垒与客观的延时事件区分开来，其中一个方法就是和当事人一起把"期望—回应"模型过一遍。

遇到任何虚构壁垒，都要勇于打破。虚构壁垒包括各种节日、假期、纪念日、人员空缺、设备采购、系统升级、接管、重组、合并和训练项目。

（二） 可提供测评辅导

组织的优先目标应该是：通过提高那些期望值较低者的生产力，来表示对高绩效者的敬意。但领导常常在如何提高前者的期望值上就遇到了难关。要提高低绩效者的生产力，确实不易。这需要时间、决心、理解和耐心。

1. 由实干家来测评与辅导

一种方法是让实干家担任同事辅导员，加快低绩效者的训练和发展。读到这里的你，可能已经知道自己正是组织中的实干家。那么，即使你还没被上级委以这一重任，你已经有担任同事辅导员的资格了。

你首先要列出的是：那些你要辅导的人对你有何期望。然后，再把你对他们的期望告诉对方作为回应。双方不妨参照第8章中的绩效管理与过程改进，共同制订要改进的具体目标，作为测评辅导的第一步。

2. 让人愿意接受的测评辅导

你要从对方的角度来考虑他们想要的回应究竟是什么样的。弄清楚：哪些绩效要求超出了他们自己的期望。只有了解对方的观点，才能把握全局。如果你的辅导对象一开始并不愿意回应，先不要灰心，多试几次，他们就会了解你期望他们做什么。

低绩效者需要找到一个安全地表达自己期望的途径,不想受到指责和批判。要注意从对他们有利的角度出发,便可以找准他们达不到期望的问题来源。通过测评辅导,他们的目光会变得更高远一些。

一个富有成效的决议方案必然要综合各人的期望。其中的挑战是要找到相应的辅导方法,让低绩效者能够提高期望值、给出更令人满意的回应方式,做到"眼高手也高"。测评辅导能够帮助他们,而且方式温和,不会让他们感到备受胁迫。

测评辅导只是让人了解自身现状如何,需要努力达到什么要求,需要做何改变才能达到。

3. 良性互动的测评辅导

辅导员不一定要是顶头上司。身边的实干家往往是担任辅导员的最佳人选,因为他们不是通过权威和奖惩来要求对方,而是通过所拥有的灵通信息、专业技能以及好心好意来启发对方、激励对方。

职场权力让对方顺从,个人影响力让对方信服。

前一种策略会让低绩效者为了保住工作而服从,但后一种策略让他们出于信服而持续改进自己的工作。后一种策略的最佳范例是奥林匹克赛场,获奖运动员立刻会想到向教练致谢,感谢教练不辞辛劳的辅导。

4. 测评辅导的具体进行

测评辅导首先带着辅导对象运用期望—回应模型来讨论,

让辅导对象充分了解到：大家都有哪些期望。辅导员应该事前准备好一张单子做示范，上面有近期不匹配的期望与回应，以及互相匹配的期望与回应。

先与低绩效者讨论那些"回应得当"的正面例子。强调辅导对象当时的行为是多么受到赞许，鼓励辅导对象把成功经验一次次运用下去。然后再一起研究"回应不符合期望"的反面例子。要设法从当事人的角度判断出当时的事态。

要引入这个讨论话题又不想表现得像在批判对方，不妨用中立的方式提问，例如："哪些理由让你觉得当时的回应符合对方的期待呢？"辅导对象大概以为自己当时的回应正是对方所期望的。这种问法为接下来的探讨打开了大门。要利用这机会让辅导对象明白真正该做什么，以及需要改变什么。

团队其实需要建立合作关系，而你的辅导对象更喜欢独立工作。他或她大概没有意识到本书第1章描述的团队精神五原则，因此你需要帮助他或她了解其队友所期望的是：

- 尽己所能。
- 分享信息。
- 指出差错。
- 团结协作，解决问题。
- 目标一致，集中力量。
- 树立正面的团队形象。
- 维持良好的工作关系。

- 鼓励双边共同商讨分歧。
- 通过自学来开发技能。
- 建立相互信任的氛围。

（三）正确回应期望有何好处

职场期望值源于家庭与学校教育，例如"说到做到，做不到就别说"，"诚实即上策"。大多数人期望每个人都明辨是非，都懂得以正当的理由、正确的方式去做正确的事情。我们从小就认为自己有权利期望得到公平、平等的待遇，有付出就有相应的回馈。

对于实干家来说尤其如此，当自己的成就不被认可时，他们容易感到沮丧。当实干家越来越有信心自己能影响结果时，他们的期望值就会上升。一个成功的领导，必须想办法让全组织的回应方式符合高绩效者的期望，否则会有失去这批人才的风险。

明天的职场即将迎来快节奏、高要求、竞争激烈、不进则退的局面，不要指望实干家还会给你第二次机会来慢慢解决他们的问题。随着经济快速发展，实干家在社会上有更多选择。如果达不到他们的期望，他们就会去找到符合期望的东家。

注重实干家的工作满足感是大势所趋，私企早已深受影响。世界各地的非盈利组织和非政府组织也面临这一难题。重塑、改组、再造，其背后膨胀的力量迫使所有组织的风格向实干家友好型迈进。

领导面临的挑战是让实干家留下来的时间更长一些，以提高低绩效者的眼界与期望值。只要领导懂得期望—回应模型的原理并加以运用，就更有可能留下实干家，以先进带动后进。

第 13 章
实干家需要看透的错位问题

裁员、合理重组、改建、彻底改造——这些措施，通通都是一个组织在外部要求下试图重新找准定位的手段。由于以后的经济和社会状况还会继续波动，组织及其员工将会面临持续的压力，被迫要保持灵活机变。届时领导层要能够预见到：这个组织需要改变，还得在不拖慢、不中断工作的情况下做好工作调整。

不幸的是，一旦引入改变，即使是在运行良好的工作环境里进行改变，也不免引人猜疑。这会产生指令不明与双重标准——堆砌起来就会造成职场失调。

这里面牵扯到的各方面问题，本章将会好好探讨。我们需要了解组织错位是怎么回事、对实干家有何影响，以及实干家可以采取哪些措施。

一、一张图看懂什么是组织错位

从结构上来说,组织可以分为三种基本形式(见下图)。每一种形式的四个因素各自配成一套。当一个组织里面的四个因素相互配套时,组织可以好好运行。

错位就是这四个因素并不配套,例如:一个组织里的方针与作用是底线型的收益与生产力,关系是中间型的家人,问题却是顶线型的影响力。

组织形式	底线型	中间型	顶线型
方针	收益	收益+员工	收益+服务
作用	生产力	忠诚心	创见性
关系	契约	家人	志同道合
问题	效率	交流	影响力

方针:明确组织存在的理由。

作用:明确管理层的效力。

关系：确定员工与组织的联结方式。

问题：组织面对的议题。

研究图中的每一种组织形式，思考你所在的组织属于哪一种形式。请务必对组织里当前或潜在的一切错位现象做个笔记。即使你暂时无权对错位现象作校正，也不妨看看会有什么选择与对策。

（一）底线型组织

1. 方针 = 收益

底线型组织为之奋斗的方针只有一个，就是收益。管理者负责降低成本和提高收益。决策的基础是投资者的回报率。至于雇用新人和购买设备，管理层要在解释这两项行动如何提高利润之后，才能着手开展。

2. 作用 = 生产力

管理层的作用是在不增加产品或服务成本的情况下提高生产力水平。工作时间安排、生产日程安排和销售策略旨在挤掉更多竞争对手，工作强调速度和产量，研发工作十分有限，产品系列和服务如果亏本就叫停。

3. 关系 = 契约

薪水、假期、福利、工作保障和职业晋升都以员工对进账的贡献为基础。对员工的要求是按时上班、努力工作。纪律绝不宽松，严格执行规则。根据需要随时加班、随时解约。绩效评价和奖励系统注重的是工作上的持续改进。

4. 问题＝效率

常见的一点就是"少花资源多干活"。管理者注重的是消灭差错和改进质量。人员流失率较高也在意料之中。聘用的员工都是新手级别，在职接受培训。监督员负责平衡质量和数量的要求。对于增加进账的想法和建议会有奖励。

（二）中间型组织

1. 方针＝收益＋员工

中间型组织把员工视为带来收益的最重要因素。员工的成长与组织的目标宗旨息息相关，因此两者长期紧密联系在一起。人力资源部门注重聘用那些适合自己组织文化的员工。职业培训和发展是重要的招人法宝和留人法宝。

2. 作用＝忠诚心

让员工保持愉快心情和工作满意度是中间型组织的主要特点。培养员工的忠诚心对管理层而言很重要。决策过程就包括要向资深员工咨询看法和观点。资历最深的员工很受尊敬，通常被视为组织的栋梁支柱。

3. 关系＝家人

中间型组织倡导员工把工作单位看作他们的大家庭。管理者帮助员工解决私人问题。资历深的人有特别奖励，生日、结婚和各种周年纪念日有人祝福，生病、逝世有人关怀，这些都有助于家庭氛围的形成。还有精心设计的新人欢迎会，让新来的员工既感觉自己受到欢迎，又能借此熟悉这个职场大家庭的风格。

4. 问题 = 交流

管理层的重要优先任务就是把信息传达给员工。员工等着收到管理层的信息通知，例如公告栏或公司简报里发布的安全隐患、生产纪录、销售总额和晋升机会。管理者通过多种传播媒体来提供充分、及时、准确、有用的信息。

（三）顶线型组织

1. 方针 = 收益 + 服务

以人为本，满足当地社区的需求，是顶线型组织的基本方针。他们所服务的地区也通过捐款和志愿参与来支持他们的宗旨。费用最小化，则间接衍生出收益。管理者的作用是寻找新的筹资渠道、策划新的项目来服务更大的人群。

2. 作用 = 创见性

管理层面对的挑战是决定组织未来要做的事。要用各种方法来收集信息、开展研究、明确大势趋向和预测未来发展需要。管理者具有先见之明，富有创新思维，常常相约讨论与自己责任领域相关的未来事项。

3. 关系 = 志同道合

想要加入顶线型组织的人旨在为其他人的生活带来改变。员工相信自己所做的事情对社区具有重要意义、对大局有贡献。对他们来说，有机会参与这种有意义的事业，比升职或加薪更能产生工作满足感。

4. 问题＝影响力

决策者经常一起探讨：如何发现并解决将来的重要问题。在采纳任何提议之前，要把备选的方案先研究一遍，看看每一个环节对当事人有何影响。管理层在赋予员工权力时坚持各项原则，确保每个人都了解他们各自的行为对整个组织的影响。

一、实干家需要看透错位与失调的关系

在经济下滑、技术变革和市场变化期间，对组织进行重新定位十分常见。在职场里，精简机构、削减开支和关厂歇业都不是什么新鲜事。但近年来，组织的错位现象出现得更加频繁，给人留下的印象也更加深刻、更加负面。

原因之一也许是多数员工以为自家公司是中间型组织。毕竟，他们都期望用人单位提供的工作符合他们的需求。但在今天变化莫测的市场上，大型企业有时会被迫成为底线型组织，就为了挣扎求生。

底线型组织本身并没有什么问题，只要把配套找对、把话说清楚就行。但是当管理层说一套做一套时，组织就会发生错位，并有可能会发生失调。

某个公司的 CEO 嘴上宣称员工是企业最重要的资产，但实际上招人的时候主要招兼职工，提供的福利有限，薪水也低于主流，而且在业绩下滑、生意清淡时炒人鱿鱼。

任何一家组织如果假冒另一种组织形式，就是错位，最终会变得失调。底线型组织如果假冒中间型组织，也许会承诺给予员工稳固就业、成长机遇、职业规划、先进培训以及分红。但是当收益目标没有达到时，这样的组织就会被迅速打回原形，看盈亏、减成本。资历较深的熟手因为薪水较高而成为第一批被炒掉的人。这种策略就迫使剩下来的新手更要卖力工作、加班加点。加班确实多了，而质量却往下滑。由于员工害怕丢饭碗而什么都不敢说，生产力因此下降。

这些手段在管理里叫作"至精至简、不留情面"，或者是"做得更多、花得更少"。短期来看也许能改善这家底线型组织的状况，但从长远来看，只会加剧这家组织的职场失调。

这种情况为什么值得你这样的实干家来关心呢？乍看似乎没办法改变眼下情况，其实不然——实干家可以采取的行动多得是。首先，只要知道失调的原因在于组织错位而不在于你，就能让作为实干家的你减少自责。

另外，明白了失调的根源来自组织错位，实干家就能帮助身边那些难以适应失调的人做好调整。最后，你还能通过辨认失调酝酿过程中的迹象，知道如何在问题恶化之前克服它。

错位的组织，会以惊人的速度穿过失调的前两个阶段，然后陷入阶段三"闭口不谈问题"（失调的四个阶段可复习第9章）。如果错位继续，用不了多久就会到达阶段四"讳疾忌医自欺"。下面三个真实案例中的组织，就是由于错位，结果正在滑向失调的第四个阶段。

三、遇到这些真实的错位问题，你打算怎么办？

阅读时请从一个实干家的角度出发，想想在同样的情况下你会做出什么反应。如果这些情况发生在你工作的地方，想想自己必然会面对的问题有哪些。拿别人遇到的问题来练手是个零风险的好机会。哪天你也可能遇到类似的情况，你现在学会的东西到时就会派上用场，也许能帮你赢得晋升。

（一）制造商

某个年销售额高达十亿美元、在世界各处拥有三十一家工厂的大型公司，多年以来装作自己是中间型组织。这个家族企业的老总鼓励员工承担更多的责任；对那些想要向上攀升的员工，许诺给他们晋升机会和奖金。然而，那些升了职的人都无法解释：自己究竟是做了哪些事才得到了奖金和加薪。有时是根据个人表现，有时是销售业绩、安全问题或客户满意度。大家都知道，老总会因为一些未公开的理由，扣除或削减一整个工厂的奖金。

有些工厂经理在老总的力劝之下调任到另一个地区，结果发奖金时没有他们的份。大家都说千万别去新厂，因为公司要在新厂收益之后才会发奖金或加薪——平均要等三年。

效益最高的那家工厂的员工以为会获得丰厚的奖金，因为这次他们各项都是第一名。工厂经理及其团队确定自己做得面面俱到。但是结果未能如愿。这一年，不仅他们厂，连整个公司都没有一个人拿到奖金。

老总把几百万美元拿来捐给了自己最青睐的慈善机构，并借此免税。员工最终明白这只是一家底线型公司，于是士气与生产力一落千丈。

（二）医院

当地的医疗保健行业为了吸引注册护士，竞争十分激烈。在实为中间型组织的某家医院里，有些底线型思考者想出了一个革命性的成本节约策略。他们提议降低护士的薪金，但提供100%的健康保险作为补偿。这样一来，医院就能在与其他医院的财力竞争中占上风，自家护士也会"长期留守，不轻易走"。

医院发言人辩称，如果他们减少付给护士的基本工资，但保险计划比竞争对手更加慷慨的话，自家护士没理由另谋出路。

这个计划的下半部分是用高于竞争对手的签约费吸引其他医院的护士前来。签约费的诱惑，加上更多的医保福利，是为了解决护士短缺的问题。结果未能如愿，反而雪上加霜。护士对医院的忠诚度不升反降。院方把他们当作商品一样对待，他们作为专业的护理人员感到强烈愤慨。这种底线型思维的后果是，士气逐步下滑，护士更加短缺。

（三）非营利组织

这个非营利组织是有名的顶线型组织。他们不怎么费力就能吸引到有才能的员工以及一流的管理者，这些人愿意接受较低的薪水来为社区服务。但后来情况变了。新的委员会主席是一家底线型企业的老总，他说服委员会要把目光放得更高远。

根据他的论断，组织必须招揽一批更得力的干将——为此他们必须开出更高的薪水。从他的论据来看，需要提薪20%才行。尽管执行董事和会计都对此有所顾虑并发出了警告，但委员会在主席的催促下批准了提薪。

结果一算总成本，委员会发现他们面临巨大的预算赤字。主席又一次用底线式思维来寻找解决方法。委员会还是会提高薪金，但为了平衡预算，员工医保中单位支付的比重减半。

委员会为这样的效率感到高兴，但员工并不高兴。薪水高了意味着要缴纳更多的所得税，所得税再加上自己要多交的医保，意味着到手的反而比原来少。长期任职的执行董事和几位关键职员满怀厌恶地辞了职。正是薪水这件事，委员会伤了员工为社区服务的心。离任的执行董事表示："他们夺走了在这里工作的特殊意义。"在这以后，组织变得更加失调。委员会因为主席而分裂成两派：支持主席的一派，以及不支持主席的一派。走的员工更多了，还有几场关于欠薪和不公平解雇的官司要打。另外，连原本踊跃参与的社区志愿者都不来帮忙了。组织的错位毫无疑问地损害了社区的整体利益。

四、实干家可借鉴这些真实的成功经验

一个组织在面对特定的挑战时，可以有目的地调准自我定位。例如，为了精简机构，一家中间型组织在寻找削减开支和理性裁员的最佳方案时，可以暂时变为底线型。

请看以下三家组织如何有目的地重新调准定位。三个案例中，管理层都是有意做出了改变。

例一和例二中的组织是在经济危机中不得不重新调准定位。例三则是一位富有感召力的领导者预见了改革的需要，通过重新调准组织的定位来迎接挑战。

（一）公共机构

对于一个依靠旅游收入的城镇来说，经济不景气带来的税收下滑尤为严重。本来，在这个举世闻名的景点城市，市议会、市政执政官和各个部门的主任长年合作，是一支团结的队伍。无论从哪方面来说，他们都明显属于中间型组织。员工长期共事，视彼此为同一个大家庭的成员。现在的问题是，虽然大家试图保持积极心态，但随着旅游业继续下滑，显然不得不进行裁员了。

市议会的部门主任和员工到社区说明了情况，获得了公众对减少公共服务一事的支持。管理层的计划是：至少在面临当前预算赤字时，要暂时定位成一家底线型组织。为了最大程度地减少由重新调准定位而带来的失调情况，他们参照第11章提到的过渡期指南，成立了过渡期监察小组。

这个城市有史以来第一次裁减公务员，他们给失业的公务员在社区寻找新工作时提供一定的协助。这确实是非常痛苦的一次经历，但是在这种状况下，已经想不到更好的处理方式了。

宣布裁员后，有人采访市政执政官此刻有何感受，他说："这种感觉就像是告诉自己的四个孩子，因为家里只养得起三个，所以有一个孩子只能另外找一户人家。"

（二） 医疗中心

几年前，我有幸与创办某家独特医疗中心的医师们一起讨论问题。这家医疗中心不仅是业内首创，还是全球同类机构中规模最大的一家。创办者起初决定打造一家顶线型组织，要有享誉世界的医疗手段、最先进的科学技术以及无与伦比的诊疗服务。通过团队合作以及经常分工特训，他们确实也达到了这个定位。

然而，之后他们不得不进行两次裁员，最终减去了近一半的员工。毫无疑问，决策者正是因为真的关心自家员工，才为了保留一个"完整的家庭"而决定先转变成一个中间型组织。这种改造方式让他们又支撑了六个月。

但由于外部情况恶化,他们为了生存而被迫转变成底线型。于是,他们成立了过渡期监察小组,帮助员工应对失去1/4"家人"之时的压力。六个月以后,过渡期监察小组再次成立,旨在最大程度地减少第二次裁员30%所带来的失调影响。现在他们挺住了,为继续保持顶尖水准的服务而坚持奋斗。他们时刻注意着要不要采用底线型组织的做法,但总体来说,正在逐渐重回中间型。

(三)家庭服务组织

这个组织起初定位为中间型,一度转为底线型,现在正努力成为顶线型。这样多变的成长过程难怪会引发不少失调现象。不是每个人都愿意舍弃这种"多年小家庭"的安全模式的。之前各任CEO虽然增加了工作量,却没有提高质量。员工埋怨管理层,而管理者之间互相指责。

之后来了一位新的执行官,表示会带领大家把一切做得更好。她提出了扩大客户群、提供更优质服务的计划。员工需要完成的硬性指令,她会给出具体的做法。在整个过程中,她会提高组织中每个人的绩效水平。

自此开始改进质量和提高产能的五年计划。两年内他们用上了当时最先进的电脑,员工人数几乎翻了一倍,业绩目标有所增长。由中间型变为底线型并不难，他们只需要注意效率和生产力。

但要转变为顶线型，则困难得多。只有实干家欣然接受扩大客户群、扩大社区服务范围的提议；近1/3的员工公开表示反对；剩下的大多数人持观望态度，看谁有能力和魄力带领整个组织前进。

早先已经成立的过渡期监察小组，很快又要担任另一个更具影响力的角色——培训委员会，职权重大，负责组织中一切训练与发展的活动。定位调整期间，培训委员会提供了新人引导、管理层培训以及团队调停项目，最大程度地减少职场失调情况。

五、实干家能够运用这一章带来什么好处

我们当中的大多数人，小时候受到的教育都是：如果我们在学校努力学习，以后就能找到好单位，过上好日子。爷爷就是一份工作干到退休，爸爸也在一个单位干了37年再退休。但到了现在，世界经济风云变幻，各家公司都努力重调自己的定位以适应市场需要，在同一家公司从一而终不再是人们信奉的真理。

由于实干家喜欢从自己的工作环境里获得人生意义、自我价值与方向感，因此他们会首先在自己的影响范围内留意失调迹象。如果实干家说感到失意、失望或者幻灭，却说不出具体

细节，有可能是隐隐感觉到了组织存在错位的问题。一旦实干家察觉到问题的征兆，就可以采取反击措施。实干家通过合作，能够帮助其他队友做出适当的调整，从而最大程度地减少变化带给队友的焦虑。

上层管理者有责任把组织改变的方针、对未来的打算都传达给员工。不幸的是，管理层总是因为当前事态的压力而分心，对于"错位迅速导致失调"一事未能察觉。当自上而下的信息传递不足时，实干家的作用十分关键。他们需要分析：当下情况会如何影响自己同事应对错位的方式。

对于一心求稳、害怕冒进的人来说，调整应变并不轻松。在组织错位的情况下，实干家仍可以为队友带来积极影响。如果组织后来变得失调，也许只有实干家才能提供中肯的意见和恰当的方向感。

第 14 章
实干家如何有策略地做好变革

我们倾向于把组织做大，这就扼杀了我们不通过剧变也能改变前进方向的能力。有时候管理者明明需要快速、灵活和变通，但他们却死死抓住那种拖自己后腿的过时管理办法不放。今天，做大和做强之间的关系并非绝对。数量确实带来一些力量，但越大则越难改变。

在今天这个快节奏、高技术、由消费者推动的市场，以前辉煌过最长时间的公司往往最容易被收购、合并或者接管。

以上种种情况都启发我们去找别的方法以渡过变革。另外，我们需要新的策略，以加快瓦解老一套反应迟钝的体系。我们必须打破"一招鲜吃遍天"的想法。

如果你能接受这个概念，那就可以学习一种更加注重策略的方法来面对变革，这种手法造成的破坏性后果更少，又更加容易掌握。既然听起来这么简单，为什么之前的人就没想到用这种手法呢？

这是因为，我们现在常用的组织管理理论是在20世纪30年代世界经济不景气时形成的。可怕的大萧条对我们今天的思考方式仍然有影响——而且比我们所以为的还要深远。当今职场的多数高级主管，他们所接受的教育和训练，正是来自那些经历过大萧条之恐怖的人。让人伤感的是，21世纪的我们仍然在用建堡垒的老方式来抵御新一波萧条。

在介绍新策略之前，我们需要弄明白典型的组织结构如何运作，以及对实干家有何影响。如此一来，你就能理解组织在经历变革时会如何失调、为何失调。

一、从了解组织的三个子系统着手

观察得仔细一点，你就能看出来，组织实际上是由三个子系统组成的。这些子系统中分别有各自的核心价值标准，有各自的成员资格限制，还有明确的界限，固若金汤。

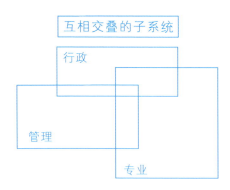

一旦越界，就会遭遇资深顾问安妮特·西蒙斯所说的"职场猖獗的'十大划地盘行为'之一：策略上不配合不顺从"。她的著作《领土之争：了解并结束职场上的地盘争夺战》，深入研究了"失调的领土行为"。不过我们并不打算在本章深究这些问题。

每个子系统的大小和影响力取决于组织的本质及其成长阶段。例如，在一家处于起步阶段的新创公司中，专业子系统一开始会是最大的子系统。但随着组织成长，公司对政策和规程的需要有所增加，行政子系统和管理子系统就会出现并扩展。

到了组织生命周期的高点，专业子系统仍然在数量上占据最大优势，但行政子系统的影响力最大。当这个组织到了围绕规则而转，并且发展速度放缓的阶段时，管理子系统将扩大并夺得最终主导权。

在探究这些子系统如何在组织内相互作用之前，不妨先从深一点的层面上看看各个子系统如何运作。

（一）专业子系统

专业子系统最难"看见"，但是最容易辨认，因为它是在职人士的主要来源。举个例子，第一次介绍同事时，说完名字以后就会提到他们到底做什么工作。通常还会继续说到他们具体在哪层楼哪个办公室。你听完以后，更有可能记得这个新人做什么、在哪里工作，而不太记得名字。因此，一个人的组织身份来自他所干的工作。

专业子系统拥有各种各样的所需技能，以保持组织运作正常。例如，医院有医生、护士、技术专家、技术员，加上一大批辅助服务部门，都有特定的技能。其中一些技能比较复杂，需要大量训练、特许批准和持续实践，才能与时俱进。这些专业人士大多还是某个行业小组或行业协会的成员，有机会在自己工作单位以外获得奖励与认可。在例如体制改革带来的不利条件下，这些专业人士忠于自己所在的行业协会，而不是局限在工作单位里。

（二）行政子系统

行政子系统是最显眼的。信笺抬头、营销材料、办公室的门、园区地图、路标和电话目录上都有它的踪迹。另外，每当讨论转向人员资源、空间使用或者财务责任时，也能感觉到它的存在。行政子系统记录各类员工的薪资情况。传统上有关人事或人力资源的职能，例如职位说明、工作考核、招聘面试、职位空缺、纪律处分以及升职条件等等，都是行政子系统的一部分。

（三）管理子系统

管理子系统负责规则、章程和政策的相关事务。典型的表现形式有董事会、委员会和特别工作组，职能包括解释规则、保证公正。有的时候，规则发生了变更，却没有预先通知其他人。在管理子系统工作的人理所当然地认定：其他子系统总是会密切注意他们的讨论和决定。规则变更和政策调整的内容，从管理子系统源源流出。大多数人直到违规或犯法时，才会意识到这个子系统的完整影响力。管理子系统的力量和影响还可以通过与地方、地区、全国和国际主管部门的联结，从而迅速扩展。

（四）从真实案例看子系统各自为政的问题

子系统原本自然而然地一起发展，而整个组织发生变革时，三个子系统就会分开。我们用新创公司来说明子系统是如何各顾各的。仔细看看下面这个例子。

> 这间新创公司的构想来自四位德高望重的医师，他们结合各自的医疗实践，成立了一个合理收费、提供卓越服务的医疗小组。
>
> 他们买地建楼，开张营业。他们这一令人振奋的想法，吸引了另外十位医生加入团队。
>
> 一开始事事顺利，要找到胜任的员工并不难，求职申请接连不断。团队请到了一位非常有能力的行政主管，以及一位非常高水平的营运经理。这两人并肩合作，筛选、招揽了大部分新员工。
>
> 这所医疗建筑非常独特，拥有一个接一个的医疗套间。每当来往的患者增加到一定的量时，就可以打开一个与原有空间相连的新套间，以拓展总空间。理论上听起来相当不错，实践

起来相当困难。起初，患者来往量较低，因此医生有宽裕的时间来提供咨询和诊断，不受催促。缓慢的节奏给了职员足够的时间来为文件归档、招呼患者、确认预约、检查测试结果和采集病史，没有那种繁忙的诊所通常会有的压力。各种迹象都显示，这是一个愉快无压力的工作场所。

但是，随着"这家新医疗中心的医生真正花时间关心病人"的名声逐渐传开，新的患者蜂拥而至，很快就超出了现有设施的承受范围。随着患者来往量的增加，职员开始抱怨增加的工作量。作为回应，营运经理逼迫行政主管开放第二个套间。

但理事会没有批准，说必须先达到预定的营收标准才能开放。在此期间，新的患者继续到来，"要用较少资源做较多工作"的压力倍增。

有的医生能跟上这种加快的节奏，但大部分医生都落后了。没过多久，职员加班成为常态，因为要处理积压的工作。由于加班成本剧增，理事会不得不松口，开放了第二个套间。大家都相信这次行动能解决问题，结果未能如愿。同一个问题在不停地重复：患者一增多，就又开一个套间，想要"先达到某个预定的营收标准再继续开放新套间"的想法根本无法实现。

扫一眼下图，就能感受到这些组织子系统的情况。显然，专业子系统与其他子系统分隔开来，只专注于自己的工作方向。行政子系统主要以供应商合同、供应库存、银行对账单和账务记录的形式存在。除了理事会偶尔发出简报之外，管理子系统几乎不存在。

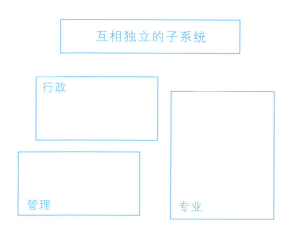

营运经理抱怨：总是有被各种信息弄糊涂的员工打电话来问"到底应该怎么办"，自己每天都在这种电话上花费太多时间。结果发现，出现这种问题的原因是：开放新的套间后新职员到场，却发现没有文档资料、工作说明以及调度计划，而且没人培训他们，他们只好打电话来寻求帮助。

职场发生失调的速度令人惊讶——自盛大开业以来，仅仅只用了几个月。看样子，专业子系统和其他两个子系统之间的巨大差异就是造成问题的原因。一旦知道了这一点，理事会决定立即加强那两个较弱的子系统。

所有员工齐心协力，为"如何解决营运问题"而做头脑风暴。他们的第一项任务是评估目前每个子系统内的失调水平。每一个参与者需要浏览一下失调行为核对表（见第9章），记下有哪几条符合他们的情况。集齐每个人写的单子，与小组分享。最常提到的项目是：

◇草率启动。

◇政策质询被忽视。

◇找原因却变找碴。

◇无指示则不敢动。

◇管理层脱离群众，看不见问题。

◇忽视双重标准。

具备这些新情报后，就知道有什么问题需要解决，以及从哪里着手解决。他们需要一个主题来明确将要做的事，而且要让医师也参与进来。有人建议，要像治疗急救患者一样来治疗这个组织。于是他们宣布进入"急诊"状态，批准采取紧急行动。

第一，他们遵循第11章的过渡期管理指南，让一组实干家监察情况。第二，成立同样由实干家构成的过程改进小组，专注于改进那些运作得最差的工作程序。第三，再成立一个还是由实干家组成的绩效管理特别工作组，对具体的培训需求进行评估。另外，设立其他特别工作组，负责起草政策、规程和规约。

所有小组都得到了授权，如果觉得有哪些变革能够解决问题，在向行政主管报备解决方案以及行动清单以后，就能发动变革。只用了几个星期，就成功克服了原有的失调问题，使医疗中心运作顺利。

（五） 子系统交叠的好处

阅读下文时请记住以下三点：

- 变化来得迅速莫测，因此实干家更加需要面对面交流，制订出机智的策略。

- 提高销售、生产高品质商品、改进客户服务、减少成本以及找到更好的共事办法——管理层能否采用成功的新战略达到上述目标，如今越来越取决于他们能否善用各个子系统内的实干家。

- 当实干家有权在各自的子系统制订变革策略时，就更有可能贯彻这些策略。让实干家早日加入策略制订，能够减少几个月甚至几年的潜在抵抗、误解以及消极怠工。

还记得吗？本章第一幅图显示的就是三个子系统在某种程度上有所交叠。组织是否运作良好，取决于这共同领域的大小。交叠越多，组织的运作就越好。换句话说，越是了解和支持每个子系统各自的方针，实干家就越能在其他子系统里拥有影响力。

当核心信念受到威胁时，人们倾向于张开手臂、架起防御。为了避免团体分裂，各个子系统的实干家都要互相联合。之后的策略就是让实干家楔入三个子系统，并扩大自己的影响力。

运用传统方法在全组织范围内进行变革，只会迫使上级提高绩效要求或加大控制。这意味着除处理每日活动之外，领导还必须与内心抵制变化的下属在压力中一起工作，抚慰他们受伤的心情，并且克服由此造成的失调。这种事，即使在条件有利时也是个艰巨的任务。

典型的情况是，组织没有鼓励内部创新与创造。实际上，实干家经常都要吃力不讨好地负责计划还有发展——这两项任务既复杂又很少受人赞赏。

全组织范围内的变革通常为了尽量减小失败的几率，会做好计划并配备好专业工作人员。为何不用同样的方式来进行子系统的变革呢？这种方式其实相当不错，能够很好地保持专业、行政和管理子系统的平衡。

实干家在各自的子系统内最适合说清楚权责问题和关系问题。另外，通过汇集信息，实干家可相互行使以下职能：

☆评估人力资源的生产力。
☆察觉、识别并解决系统间的冲突。
☆帮助识别问题和得出决议。
☆确认有哪些选项和备选方案。
☆设计出实施的策略。

☆确定训练和发展有何需要。
☆评估结果并推荐变革方案。

正如前面医疗中心的例子一样,一旦清楚并且正式接受了变革的方针,受影响的子系统内的实干家就会成为实施变革的主要倡导者。然后,实干家就能帮助其他人了解变革,这一点应该也能激发别人的支持,引起更多的积极反应。

二、 如何做出恰当的变革策略

(一) 从两方面考虑子系统及其员工的状态

前面提到,子系统有各自的核心价值观念、成员资格限制和明确的界限。正是这些核心价值,制约了每个子系统的成员资格,明确了每个子系统的界限。一方面是核心价值观念的强弱,另一方面是大家是否准备好迎接变革,这两者决定了计划中的变革要多久才能践行。考虑完这两方面后,就能选出一个恰当的策略。

管理者进行组织变革颇为艰难,原因有很多,其中一些前面已经提到了。如果核心价值观念根深蒂固,就需要很长的时间或很大的压力来达到变革。相反,如果核心价值观念较浅,或尚未扎根,变革有可能迅速发生。(扩展阅读:第11章。)

正如个人会在准备就绪时改变,组织也在各个子系统准备就绪时发生变革。挑战在于,要让子系统和其中的员工同时准备好迎接变革。

（二） 从真实案例体验如何有策略地做好变革

一切工作场所的未来生命力，取决于它能否在尽量减小动乱的同时完成改变。通过运用这里所说的一些方法，实干家能正面影响身边的人去迎接变革。这种主动出击的心态，有助于他们的同事自信直面变革的挑战。基层策略并不像听起来那样不靠谱，是可以实现的，而且已经有人实现过了。以下案例分析很好地说明了：一家社会服务机构如何通过授权给实干家来领导变革，从而成功度过转变期的难关。

背景：联邦政府已经批准要对国家福利项目进行大整改，会对试点工程提供国家财政拨款。

当其他机构的主管还在考虑这次整改的含义时，K先生已经第一个报了名。他拿到了完全由政府赞助的最新科技计算机系统，加上950万美元的拨款。政府还承诺，如果试点工程在这个财政年度完结之前——九个月的时间——能够启动开展，还会有更多拨款。

他面临的第一个挑战是要把接受试点的消息告诉2000名员工。这项任务可不容易。大多数员工其实早就听说国家改革即将来临，但他们不希望遭遇改变。他们还不知道，他们的主管自告奋勇地把自家机构变成全国试验基地。

K先生在开会时把这个消息告诉了各位部门主管和项目经

理。凭经验，他预计他们会给出消极的反应。果然不出所料，负面反应多得很。主要怨言都在指责他不事先告诉他们。毕竟这么大件事，应该先咨询他们才对。他承认自己就是想要避免过去那种一遇到变化就哼哼抱怨的情况。他已经受够了这种失调的状况，决定这次要先接受改变，再收拾他们。

会议室爆发了一片不赞同的声音。K先生听了一会儿，对众人提了一个问题：如果我先咨询了你们，你们会怎么做？

他们列举了一个个反对的理由，让他不要在全国目光的聚焦下冒险。正如K先生所料——他们就是想让他放弃这个想法。

屋子里的大声抱怨过了一阵子渐渐弱了，只剩下低声嘟哝。K先生并没有改变主意。利用这暂时的平息，K先生站起身就往门口走。走到门边时，他转过身来面向他们，露出一个大大的笑脸，用充满信心的声音说："你们是管理团队，想办法行动吧！"然后就离开了。

一开始，所有人都震惊了，坐在那里一动不动。他们面面相觑，却随着目光的接触开始忍不住笑出来。很快，会议室里充满了精神抖擞的话语，大家都在说要"做点什么"了。

他们很快就开始讨论专业、行政和管理子系统必须发生哪些变化，找出最受变化影响的那些项目，评估相关员工是否已经准备好迎接改变。几小时后，他们派人找K先生过来一起分享他们的计划。K先生和他们简要讨论了一下，又问了他们一些程序问题以后，就赞成了他们的提案，并且安排了后续会议来敲定细节。

他们计划让每个子系统派出代表，成立过渡期管理小组。从 125 名志愿者的名单中，他们最终选了 30 名实干家，让这些人接受大量的训练：变革管理、责任表法、问题解决四步骤，以及为子系统过渡期量身定做的各种评估技巧。

这支队伍自称为"领命队"。座右铭"领着命运向前走"出现在 T 恤衫、胸章和咖啡杯上。海报和通知出现在走廊和公告栏里，鼓励员工一有问题就找"领命队"。

几个月内，这家机构的每一处都能感受到"领命队"的影响力。过渡期的转变一点都不容易，最终也没有事事完全按照计划来。但这次变革确实改变了这家机构做事的方式，而且使他们及时达到了 K 先生想要的状态。对于实干家来说，最重要的是他们获得了誉满全国的声望——按承诺完成了转型为新福利项目的任务。

第 15 章
实干家如何把握成败

20世纪90年代是蓬勃发展的十年,做大生意赚大钱。热切的投资者蜂拥至投资研讨会,以寻找高回报的商机。书店里摆满了"如何发财"的入门指导书,"教你迅速赚大钱"的"大师"在各个城市巡回开讲座,大受追捧。

繁盛的背后即使隐藏着不妙的一面,也很难察觉。增长和繁荣掩盖了现实和真相。正是这段"大干大赚"的时期,滋生了我们今天面临的职场失调。

最敢想敢干的冒险家得以称王。他们不断冒出各种想法,不断地试,直到试出可行方法为止。但这种不顾后果的策略也助长了不注意从失败中吸取教训的冒险心态。

如果我们少盯着那个特殊时期的成功案例,多注意失败案例,说不定就已经得到了一些可贵的教训。我想起几个美国知名品牌的失败案例,让我们看看能从中学到什么。

首先是石油业的例子。

多亏了所谓的"能源危机",石油业乘着经济大潮的浪头意气风发。海湾石油公司和雪佛龙石油公司都准备好要赶上这波热潮、寻找更多国内石油。海湾石油公司抓住机会,与美国联邦政府多签订了几个墨西哥湾的近海投资租约。

雪佛龙则另辟蹊径。他们并没有为了开采权来与海湾石油公司展开一场竞标大战,而是保留自己的现金,耐心等待。等到海湾石油公司钻出了更多新井、找到了更多的新油藏,雪佛龙心满意足地出手了:海湾石油公司的现金储备不足,根本无法抵御外部收购,雪佛龙直接买下海湾石油的大半股份,成功接管了对手公司。仅仅过了几个月,原本拥有几千名员工的海湾石油公司大幅缩水,仅剩下一小撮会计和律师。在短短的时间内,海湾石油公司简直名存实亡、形同虚设。

雪佛龙高层的收购接管计划当然是在暗中进行的。但无论如何,总会走漏一丁点风声。要知道,雪佛龙和海湾石油公司的员工都在同一个片区住,都在同几个地方买东西,而且连孩子们都在同几所学校念书。两家公司的员工都清楚对方有什么兴趣爱好、为哪些事头疼或操心。海湾石油公司的员工肯定听过有关收购接管的风声。

假设有人把这些风声传到海湾石油公司决策者的耳朵里,这信息是否足以提醒管理层注意将来的失败风险?管理层是否会相信自家员工听来的消息、并采取不同的行动?从那个时代的决策风格来看，我对此表示怀疑。那时候的管理层很可能听不进任何负面的反馈。

无独有偶，石油界并不是唯一一个实行自上而下的管理模式的地方。第二个例子来自制造业：胜家。

> 经过这么多年，胜家品牌缝纫机已经成为美国家庭的标配用品。胜家牌产品家喻户晓，拥有坚实的市场份额。
>
> 管理层预料产品需求会增加，因此引进了一款非常先进的机器——可以自动做出暗线挑脚、扣眼以及各种花式的针法。销量果然飙升！投资获得了丰厚的回报——但只是暂时而已。好景不长，到了20世纪90年代末，胜家公司把赚到的钱几乎都赔进去了。
>
> 胜家公司失败的原因是什么？我们从中能吸取什么教训？胜家的失败其实是因为遭遇了无法预见的社会、经济、技术的共同大变革。随着相当一部分女性进入职场，她们既没时间也不愿意在家做针线活。与此同时，百货商店又引进了各个尺寸的成衣，以及裁缝干洗服务，而且价格实惠。没过多久，在家缝纫的人越来越少，胜家公司的销售业绩也随之下滑。

海湾石油公司和胜家公司在许多方面非常相似。两家公司都是因为出乎意料的情况而落败。海湾石油公司是最早那批惜败于收购策略的公司，胜家公司则因为市场变幻而失去苦心经营的成果。

一、 实干家要懂得风险—反馈对成败十分重要

以上两个案例显示了风险和反馈在决定成败时扮演了多么重要的角色。海湾石油公司没有一个到位的反馈机制来让下情上达。胜家公司的销售人员即使了解到客户购买量的下滑趋向，也没把这个信息传达给管理层。

在这两个案例中，两家公司都深陷"高风险、少反馈"型企业文化的泥潭。这种组合迫使决策者对未来事件采取假想态度——因为他们无法拿到有用的信息以做出更好的选择（参见第3章的向上传声机制）。

上述例子并非特殊情况下的特例，同样的事情在今天的高科技世界还能看见。苹果、康柏、捷威、惠普、IBM、英特尔、微软以及硅谷的多家新兴公司，几乎每天都有兴衰起落。也许哪天你所在的公司就会遇上一次败绩，到那时你就是少数几个知道怎么办的人。

二、 四种文化对应四种风险—反馈模型

决策困难时，你要设法尽量收集信息，尽量降低风险。有时由于时间有限，你只能获得有限的信息。以有限的信息来做出决定，就会有风险。当风险较高、你又没得到足够的反馈以降低风险时，可能就要推迟决策，直到获得更多信息再说。

另一方面，如果决策后果并不严重、风险较低，你可能会迅速行动，因为从长远来看，你对于这次失败不那么担心。所以，风险的高低加上反馈的多少，会决定你的行为。

这一点同样适用于组织文化。类似地，风险的高低加上反馈的多少，决定了一个组织在面对失败时有何反应。这两个因素构成风险—反馈模型，代表了四种组织文化。在这个模型中，风险与决策相关，而反馈与信息相关。

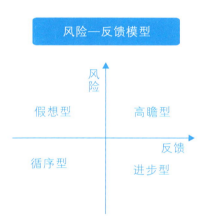

一个组织的正常运作取决于每一种文化中的实干家如何面对失败、办理各种差错、为客户服务、应对投诉、构思想法、处理增长，以及如何看待成功。当你阅读以下每一种文化的描述时，针对每个特定的文化如何对待失败做个笔记，并与你自己所在的组织做个比较。

(一) 假想型文化

（高风险/低反馈）

- 导致危机的大多是各层级工作中的优先任务。
- 员工从一次危机走向下一次危机。
- 人们从来都不知道自己的工作做得好不好。
- 遇到问题就要冒着高风险、赌上这份工作来决策。
- 有所作为的机会不多。
- 持续取得成功的机会有限。
- 决不容忍差错，失败成本很高。
- 处事准则是避免出错，在行动之前要百般确认。
- 新的想法只是稍微改进一下以前有过效果的做法。
- 所谓的创新只是对其他公司的盗版。

(二) 循序型文化

（低风险/低反馈）

- 风险有限，与之匹配的是反馈也不多。
- 变革阻力非常强烈。
- 失败意味着到此为止、事业终结。
- 某个想法如果试过一次不成功，不会再试第二次。
- 人们都记得自己有过哪些失败。

- 新人会被告诫不要扰乱现状。
- 客户服务方面既不迅速也不积极。
- 接到投诉是常有的事，也不在乎。
- 变革需要由很多人一起计划很久。
- 想法和建议的审核过于婆妈。
- 组织内的准则是"不要没事找事"。

（三） 进步型文化
（低风险/高反馈）

- 放眼未来，制订计划，提出创想。
- 员工一心想要成功，善于抓住机会。
- 有足够的时间来构思和测试新的想法。
- 发展的重点兼顾了短期利益与长远利益。
- 失败是个契机，正好尝试一下其他备选方案。
- 信息很容易就能获得。
- 失败不会让人却步，跌倒了可以站起来再试一次。
- 人员调动灵活，岗位和工作内容都能变。
- 试验阶段一旦出现成功的希望，新项目立刻就能上马。
- 与客户互动良好，注重个性需求，联络频繁。
- 对工作投入得越多，收获也越多。

（四）高瞻型文化

（高风险/高反馈）

- 风险和反馈处于平衡关系。
- 有充分的信息来充分了解风险。
- 风险激发了创造性思维，建立了信心。
- 己方在竞争对手迟疑时能够做出最佳决定。
- 每个人都四处寻找新的情报。
- 人们懂得如何联络上各种独特的消息来源。
- 变化本身就是维持高绩效的自然方式。
- 目标是保持领先，不被超越。
- 创新是用新的方式来运用现有的资源。
- 失败也早有心理准备，会仔细分析原因。
- 对己方回应客户的速度非常重视。
- 学习新知识、在工作中创新都是常态。

三、正确对待失败

实干家面临的挑战是：眼下在做出决策时，要尽可能考虑到未来成功的潜力，安排执行这些决策，以及评估效果。在某些组织文化中，面对这一挑战，只需以相应份量的信息反馈来对抗相应程度的风险。不幸的是，在失调的组织里，实干家经常得不到应有的信息（参见第4章的信息流动模式之横放的沙漏模型）。在这种情景下，每做一次缺乏信息支持的决策，失败的概率就会增加。

组织是否运作良好，取决于其员工如何对待失败。失调的组织文化决不容忍失败。而在运作正常的组织文化里，失败是通向成功的过路费。实干家是否自愿冒险，取决于如何看待失败。成功的实干家了解所有特定情况下的风险，努力克服自己对失败的恐惧。

在失调的组织里，人们总是害怕失败。但其实失败会让实干家学到东西，然后克服失败，不让失败成为障碍。失败还有助于领导以积极正面的方式打造自己的团队，即使周围的环境已经失调。

四、离成功更进一步

（一）假想型和循序型文化有何难关

在四种组织文化中，假想型最容易变得失调。这种文化绷得紧、迈得急，遇到危机觉得慌。其员工容易变得以自我为中心、头脑封闭和心胸狭窄。要在这种文化里取得成功，很难，因为做事风险和失败概率同样地高。

低绩效者一般都塞紧了耳朵，不接收信息反馈。个别抱有开放心态的人，却不知要去哪里搜集情报。海湾石油公司和胜家公司的例子，很好地说明了陷入假想型文化的组织会发生什么情况。海湾石油公司和胜家公司在风险增加的情况下，没有及时升级他们的反馈程序，最终，缺乏有用信息使他们一败涂地。

几年前我亲眼见证了假想型文化带来的失调局面。

某个下午，我正在为加州中部一个比较偏远的地区的执法机构上管理培训课，附近社区突然发生了一场严重的地震。

本来有个随时待命的应急反应小组离灾害现场只有区区几英里，但由于灾区没划分在那个小组的辖区内，跨区援助不符合规定，所以有力使不上。这就只能从本执法机构派人救援。但不巧的是，现在是下班时分，执行例行巡逻任务的人员已经回家了。而没多久，加州紧急救援部主任办公室就打来了电话，宣布进入紧急状态，要求执法部门立即协助。但此时，执法部门根本没有当班人员可以响应命令，无力可使的局面十分不妙。

好在头脑灵活的调度员设法联系上了已经回家的人员，把他们派去了救援现场。到场后，他们的救援工作做得很好。实际上有点讽刺的是，他们部门居然还因为出色的救援表现受到了嘉奖。但奖状也不能掩盖他们之前暴露出来的失调。

循序型文化也有些失调，因为员工做事不怎么积极主动。这里作风松懈，节奏慢，对危机无动于衷。员工一般没什么坏心思，不过容易自我满足、思维守旧。他们采取措施不及时，因此也来不及想出有创意的点子来解决迫在眉睫的问题。让他们改变做事的方式很不容易，即使要他们改变的理由已经十分充足，还是需要花费很大力气。

在假想型文化和循序型文化中，低绩效者都只会在被强迫的情况下才改变。外部压力使他们不能随心所欲，只能快一些做出决定。他们勉强地照做，不去寻求另外的反馈。结果，他们有可能犯下更多的错误，从而又增加了失败的概率。鉴于上述原因，那些本来就达不到最低期望值的人对变化感到惶恐，害怕又要面对更多的要求。他们不往前看，而是开始希望回到从前的好日子，大谈特谈以前的做法怎么怎么好。

（二）进步型与高瞻型文化如何实现

首先，要和你影响范围内的人一起学习运用四种组织文化。让那些最有切身体会的关键人员讨论风险和反馈的有关因素，并让他们说说：作为个人和作为小组，他们对待失败有何反应。你要补上你的观点，然后带领他们探讨现在所处的是哪种文化。如果他们认为是高瞻型或进步型，而且你也同意他们的看法，那就接着讨论要怎么做才能保持这样的文化。

进步型文化是个不错的状态。一般来说失调情况不严重，而且很容易在失调的阶段一或阶段二就发现问题（参见第9章中失调的四个阶段）。你可能不需要改造这种文化。不过，如果你想要沿着发展型轨道前进，最好还是选择高瞻型文化。要达到这一目的，需要更多的主动性，这就意味着失败的风险也许会增加（参见第 8 章的主动性等级）。

在你决定采取独立行动之前，先看看在你影响范围内的众人有何反馈，从而计算出此次行动的风险度。一旦收集齐了信息，相关人士也接受了增加的失败风险，你们大概就准备好了往高瞻型文化转变。

如果大家都认为已经达到了高瞻型文化的水平，那么挑战就是如何保持下去。如果他们对现状已经很满意，觉得一直保持下去就好，那就利用好组织文化模型的框架，来确定如何应付未来风险。

定期回顾这一模型，有助于你和身边的人获得新的认识，并且建立起拥有共同价值观和共同方针的战友情。结果就是，即使身处的组织整体陷入失调，但这部分人很清楚：需要做哪些具体事项，来确保未来的成功。

如果你身边的这群人意识到他们处于假想型或循序型文化，那么讨论的重点应该是如何改变现状。鉴于这种情况下的失调水平最有可能是阶段三之"闭口不谈问题"，因此必须想办法开放信息的流通。

由于失调文化中的大多数人都不习惯通过提问来获取信息，你可能要向他们示范如何提问。一开始的时候，你甚至还要提供答案。不过先别绝望，假想型或循序型文化还是有一点好处的：如果员工听到信息就能立刻采取行动，那么对于领导或教员的任何指示，他们都会很高兴地坐下来洗耳恭听。

（三）实干家如何改造组织文化

当你着手改造你所在组织的组织文化时，建议在计划中顾及下面四个要点。拟定计划的方式多种多样，你可以自己一个人全包，或者让你圈子里的人也参与进来，逐条讨论这些要点。如果选择后者，就让他们从工作中拿出几个小时，针对每个要点做出回应。

1. 环境因素

找出影响你们圈子做事方式的价值观有哪些。讨论一开始，请他们谈谈：他们觉得目前有哪些事件或趋势正在影响集体的努力，或者正在迫使他们不得不变革做法。

2. 兴趣和渴望

在弄清楚你们圈子希望做什么的基础上，明确你们圈子想要哪种文化。让每个人都说说觉得哪些问题需要变革，然后评价每个人的观点。提出每一项变革的同时，都应该针对如何尽量减少失败的风险给出相应的方案。

3. 组织责任

阐明组织内部与外部客户的需求以及对你们的期望值。确定每个人如何做事以保证结果成功。列出所需的资源以及能提供帮助的人的名单。决定要如何获得所需的帮助和资源。

4. 能力和资源

根据圈内人的能力，确定最能取得成功的路线。制订目标，建立时间线，确定优先次序，并且阐明具体步骤，以保证大家充分了解并且支持变革计划。

（四）实干家如何应对这些困境

1. 对失败的风险抱有恐惧

当周围的同事都抱着消极态度时，实干家也可能会抑制自己对工作的热情。他们可能还会把"缺乏认同和欣赏"视作自己失败的标志。但这种想法不一定对。

要记住，想要在循序型文化和假想型文化中取得成功，意味着你正在颠覆现状、反抗原本建立的准则。为了避免卷入对失败风险的巨大恐惧，以下原则有助于引导和支撑你：

☆ 把风险看作衡量你的投入有多少价值的一种手段。你冒着失败的风险是在为梦想或前景而奋斗。你冒着失去他人支持的风险，为自己设定的目标而行动。

☆ 把失败视为学习过程的一部分。你会遇上许多次失败，要查明原因，避免日后再犯。要信奉"这没什么大不了的"。当某一个方法没有按你期望的方式起效时，别放弃——试试其他方法。

☆ 要坚定地相信自己的个人价值和专业水准。你也许有些缺点会被人一下子指出来，但整体来说，你可不比任何人逊色。不要觉得自己不好，要相信自己做的事是正确的。

☆ 别浪费时间与消极的人在一起。当周围的人对你十分尊敬时，你对自己的感觉会好一些。做你相信的事，于是别人也会相信你。信任和支持其他人，他们也会信任和支持你。

☆ 不要委屈自己，别在价值标准上退让。挺住，并且善待自己。你得之无愧！

与循序型文化或假想型文化中的人合作，最好采用渐进式的方法——每次提高一点风险。最终你身边的人会了解到，对他们自己的行动负责并不像他们认为的那样危险。当你没有时间向同事慢慢探讨失败有何后果时，你可以直接表示会对比较危险的决定负责。如果他们知道你愿意面对失败，以后他们就更有可能愿意效仿你。

2. 所处环境对成功没有概念

在循序型文化或假想型文化中，人们不知道成功是什么样子的，所以你可能要向他们描绘一番。首先，描述现在的情况，让他们明白，当前情况已经让人不能接受，不能再这样下去了。然后，帮助他们了解其中的原因，并且让他们意识到事情需要改善。最后，阐述你的具体目标，并且告诉他们当目标达成时会看到怎样的效果。

作为一名实干家，在一个失调的环境里，你最大的挑战是取得让人认可的结果。失调文化里并不奢望取得成功，因此不要对"找到优秀人才支持你"抱有太大希望。如果你想尽办法改变了一些事情、做出了成绩，要确保你的上级知道这是你的功劳。不过，如果你身边没几个人承认你的成就，也不要觉得奇怪。

要在失调的文化里维护个人价值感，有三点至关重要：

☞ 必须有机会让你能做出有意义的贡献。
☞ 必须有机会让你获得个人成长与职业成长。
☞ 必须有机会让你做别人做不来或不去做的事。

只要这三点齐全，即使身处的组织变得失调或依然失调，你还是可以在工作中找到满足感。但是，如果对你来说上述机会价值和激励意义变得越来越少，你可能也不愿意干下去了。如此一来，更新简历、潇洒离开就对了。

第16章

EPU 实例分析：过渡转型期，他们如何做好传承与转变

一、楔子

招聘启示：位于加州弗雷森诺的著名非营利组织 EPU（Exceptional Parents Unlimited），诚聘执行总监。原执行总监兼创始人即将退休。

二、案例背景

1976年，玛莉安·卡莉安在美国加州的弗雷森诺创立 EPU 组织，为唐氏综合症儿童的父母提供帮助。EPU 的全称是 Exceptional Parents Unlimited，意思是"非凡父母无极限"，旨在为特殊儿童的父母提供服务，全方位解决他们的各种需求。

40年来，EPU 针对各个特殊家庭所反映的需求，发展出

广泛多样的服务项目。到了今天，EPU 已经从一只救生筏变成了远洋舰，成为业内的领航船，提供并推广以家庭为中心的综合服务，主打五大项目，每年经费高达 700 万美元，服务对象超过 3000 户。

EPU 提供以家庭为中心的综合服务，特点是既关注特殊儿童的需求，也兼顾其父母与兄弟姐妹的需求；既关注医疗需求，也兼顾非医疗需求。EPU 拥有逾百名的治疗师与幼儿专家，其儿童中心每周接待特殊儿童及其家人不下 800 名，安排 10 辆面包车为加州弗雷森诺当地家庭提供来回接送，每周还外派 20 名专员到户服务。

统筹 EPU 众多事务与几百名员工的是执行总监及其麾下的 9 人领导小组，包括首席财务官、人力资源总监、发展总监、评估总监以及 5 名项目经理。

三、 为接班人的新掌舵时代做好过渡准备

在发展壮大的过程中，EPU 坚持以创始人的方针为中心不动摇，并定期从外面引进顾问专家，以校正各阶段的任务与目标。否则 EPU 在面对多年以来的风向变化时，也许早已迷失航向或者偏离航道。

2006 年，EPU 庆祝 30 周年纪念时，身为创始人兼执行总监的玛莉安·卡莉安提出了退休计划。消息一经传开，与 EPU 长期合作的资助者、赞助企业以及为 EPU 提供主要经费的公

共组织，全都表示出极大的关注与担忧：没有玛莉安掌舵，EPU 要如何可持续发展。

面临如此重大的过渡转变期，EPU 需要采取一套有针对性的计划策略，在选任培训新执行总监的同时，确保人心凝聚、目标明确。

（一）采用计划舵轮

EPU 引进了计划舵轮（见第 4 章），包括计划舵轮的诊断工具与配套项目，旨在从 9 个切入点来找问题、作调整，通过充分发挥 EPU 员工的作用，最终确保 EPU 沿着所需的方向航行。

实践证明，采用计划舵轮作为指南，确实让 EPU 领导层更好地预见了时间、人力与物力方面的更大挑战，从而做出了更好的应对。

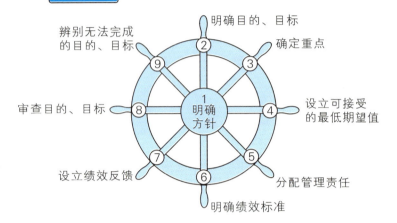

【作者注：如何在实践中应用本文案例分析的经验以取得最佳效果？首先要思考如何填下面这个空：你现在所在小组、大组、部门、支部或整个组织的方针是_____。

如果你的回答几乎是脱口而出、几句话就能说清、而且让你满怀希望，那么你所在的工作环境可谓方向明确，前途光明。计划舵轮会帮助你一直保持专注，不被动摇，不受干扰。

如果你过了很久才做出回答，表达起来很困难，而且为之感到困惑，那么你所在的工作环境可谓方向不明，前途渺茫。计划舵轮会为你提供所需工具，帮助你缩小现实与理想之间的差距。】

（二） 在计划舵轮的每个环节配合其他工具

计划舵轮是个形似舵轮的诊断工具。舵轮控制了舵，因此控制了船的方向。舵轮的中心点是"明确方针"。从轮毂伸展出来的各条轮辐代表沟通渠道，与轮缘的八个交汇处是另外八个观察点。计划舵轮为上下级提供了交流情报、衡量进展、汇报情况的机会，并能根据各点的观测结果来调整航向。

由于EPU掌舵人准备退位，有关人士对EPU接下来的航向与航程产生疑虑。且看EPU如何运用计划舵轮，来保持自己领航业内的实力与名誉。

1. 明确方针：在内心清晰呈现一个更好的愿景

EPU的方针蓝图是：满足特殊儿童以及满足他们家庭成员的个人需求。让父母有信心去满足所有家庭成员的个人需求，坦然面对所处境遇，从而让他们心底的力量犹如泉涌，避免心力交瘁。

为此，EPU的创始人从一开始就强调EPU、家长、儿童机构三者通力合作的重要性。随着员工队伍日益壮大，EPU为了保持创始人想要的合作水平，避免偏离应有方针，在组织文化中引进了"合作五原则"，结合实践整理如下：

- 合作精神——员工合作比单打独斗取得的成果更丰硕。合作精神不是口头说说的，而是在达成目的、目标的过程中培养出来的。

- 互相尊重——行动前要了解双方对合作过程与结果有何预期。员工要把注意力放在澄清误会、改正错误上，而不是互相挑刺。
- 目标统一——同一时间做同一件事，即使只是倾听。解决问题与做出决策都需要全团队的参与，避免混乱，避免分散团队的注意力。
- 有效交流——行动前，各位领导要阐明个人职责，明确各人所拥有的权力、所能起的作用以及"谁要向谁汇报"的关系。
- 态度中立——矛盾要迅速化解。若有反复发生的矛盾，也绝不允许妨碍团队合作，要暂时放到一边，留待日后处理。

【作者注：组建一支高效、有用的团队，是计划战略得以成功的最关键一环。用一个明确的方针，宣告这支团队的存在有何意义、有何贡献、希望为谁服务、期望有何收获。没有这个明确的方针，就会浪费大量时间、人力与物力，上下级与各位同事也会各自为政。组建团队的过程很重要，既要为每个成员提供蓝图与方向感，又要保有每个人灵活应变的能力。】

2. 明确目的、目标：心中有准数

面对非营利组织（NPO）界与非政府组织（NGO）界存在的种种要求，EPU 并没有好高骛远地不断刷新目标，也没有疲于奔命地四处筹资，而是在组织内部上下级之间形成这样

一种领导者—追随者模式：能够诚实地交流，立足未来做出决策，同心协力解决问题。

这种领导者—追随者模式，让 EPU 的领导小组能够从战略上思考如何最大程度地用好时间、人力与物力，并珍惜现有的资源，明确各阶段的目的目标。

EPU 总监领导小组从这一模式获得了更多的信心，也更熟悉如何追踪了解哪些目标已经达成、哪些没有达成。领导小组作为一个整体，有能力审核绩效预期，有能力拟定修正性的行动方案。这一点向目前和未来的资助者表明：无论将来是谁坐在船长的位子上，EPU 都会继续沿着精心制定的航线前行。

从长远来看，这一模式有四点好处：

☆由目标不明确或目标互相矛盾所带来的副作用得以减轻。

☆有利于形成一种"自然而然地不断改进自我"的组织文化。

☆帮助领导者与追随者了解一个有价值的目标与一个注定无果的想法有何区别。

☆最重要的是，让创始人及其麾下的领导小组懂得如何保持员工整体的生机、朝气与活力。

【作者注：目的、目标规定了团队要完成的工作量或任务数、所需时间、所需精准度，以及应有的工作表现举止。目的

描述的是一个个具体的靶子、以及预期的命中率，目标则帮助上下级在做事时与组织方针保持一致的方向。】

3. 确定重点：排出优先次序，随时应对变化

正如任何一家经营有方的公司，EPU 常常同时遇到多个任务要处理，所以需要懂得如何排出优先次序。

这次的继任准备战略，专门设计了一个深度辅导项目，用以提高全组织上下员工对变革管理的应对能力与认知水平。

这个辅导项目旨在帮助参与者培养相关技能，以保持组织的成长、发挥个人与部门的最大潜能。

总监领导小组对这个涵盖全组织的学习机会迅速给出了回应：指定了在具体的职能与工作任务里，由哪些人负责哪些角色、参与各方之间是什么关系、谁向谁汇报。

受训人员从这次学习中还获得了以下新技能：

- 能自信地判断出问题大小，根据优先次序来解决。
- 能成功地践行变革期的领导力原则、工具与技法。
- 能通过走相应的程序来做计划、增绩效。
- 能通过激励技巧与行为技巧来改变他人。

【作者注：排序可确定每个目的与目标的重要性。这决定了各项具体行动的顺序。当资源有限、期限迫近时，有了事先界定清楚的一套重点，上级就能判断哪些目的最重要、哪些可

以先靠边。有了轻重缓急，下级就能计算出备用方案的成本效益。一旦收到通知，上下级都能通过调整优先次序、设立新目的与新目标，从而快速、顺利地应对变化。】

4. 设立可接受的最低期望值：画出绩效基准线

随着 EPU 的资助者日益增多，EPU 需要做的汇报也更多。为此，EPU 管理层采纳了一套方便好用的反馈工具，有利于觉察出任何有碍个人绩效或小组生产力的因素。

把这些因素都拿出来讨论分析以后，上下级都更进一步地了解到应如何最大程度地去除障碍、提高生产力。

在全 EPU 上下，以最平和的方式引进了绩效管理与过程改进制度，即让人回答以下两个问题中的所有条件是否都已经满足：

- 是正确的人选、以正确的理由、用正确的方式来做正确的事情吗？
- 正确的物件是否在正确的状态下按时、如数抵达正确的地点？

对于绩效不佳的员工，EPU 设立了专门的咨询项目，咨询内容包括为什么需要把事做对、为了自己在 EPU 的前程自己需要做出什么改变。绩效不佳的员工与自己的主管一起核对了上面两个问题中的每个条件，直到双方都很肯定地认为全部都已经做到。

通常，绩效不佳的员工在参加完绩效咨询环节以后，就会更加明白别人对自己有哪些期望，也准备好了要想办法发挥自己的最大潜力。

随着各项目发展壮大，EPU 招聘了新员工，人力资源总监也会提点新人：他们的个人绩效对团队产出有哪些具体影响。

【作者注：压力较大时，容易一心只顾优先事项，忽略日常任务，因此需要有一套最低要求来保证员工的日常绩效，否则容易导致日常的瓶颈、停产与怠工。懂得如何平衡最低限度与优先事项，对能否达成组织的目的、目标至关重要。】

5. 分配管理责任：权责关系分明

在执行总监即将换人的过渡期，要向下级赋予责任，需要 EPU 各项目经理及时了解身边的最新状况，还要他们具备相应的思考模式来毫不犹豫地决策与纠错。

以此为目标，EPU 各项目经理接受了责任表法与任务图法的特训。

- 责任表法可记录具体的各人职责、角色、汇报关系。各项目经理发现，责任表法在开展新项目或扩展原有项目时大派用场，让他们无须挪用现有项目的资源就能及时启动新服务。

• 任务图法通过非正式的口头通知或正式的矩阵图文件来向上下级说明如何协作。各项目经理发现，召集员工开会并依照任务图法走一遍流程，很快就能澄清任务中的误解。

【作者注：若上层没有事先做出有条理的计划，则一个组织无法对之前没完成的预期目标追踪问责。在这种情况下，若要迅速找到人接管没完成的预期目标，有一个方法就是由实干家型的员工促成此事。实干家型的员工向经理提交一份精心制作的计划书并表明：除非有其他指示，否则自己打算亲自推进此事。经理对"谁来承担责任"思考得越久，员工就有更多的时间来证明自己的想法值得一试。经理一旦看到了积极的成效，就会愿意批准计划。员工若清楚哪些做法一定行得通，即可接受委任并对此负责；员工若还需要时间来检测自己的想法，实施该计划的责任就交由经理接管承担。】

6. 明确绩效标准：采用关键绩效区

关键绩效区（Key Result Areas，KRA）指的是一个人所负责的结果产出。辨识出每个项目中的各个关键绩效区，有助于 EPU 上下明辨各自的角色，并以创始人的方针来校准各自的目标。

KRA 一般代表了工作职责的 80%，剩下的 20% 是公共责任，例如帮助团队成员、出席会议、参加筹资活动等等。

每个项目根据各人职责分成可量化的不同部分，配上绩效指标，规定一个完成时间表，还有整理出协作所需的条件并送交项目经理处待批。

实施 KRA 能让 EPU 领导小组专注于结果而不是行为。各个具体项目的经理有了 KRA，能更好地说清楚自己的工作角色，有助于项目之间的交流。

充分利用 KRA 后，EPU 上下都发现：无论是设立目的、目标，还是做出增值型决策，亦或是把事情排出优先次序，都变得更为容易。这一点极大地提高了他们的时间与工作管理。

【作者注：懂得在哪些地方集中精力，对于得到预期结果来说至关重要。员工需要知道用多少时间、人力与物力来达成每个绩效目标。另外，员工还需要知道具体有哪些指标在衡量他们的表现。硬指标，譬如预算、定额、误差、利润、销售额、费用与期限，可以用来衡量效率。软指标，譬如满意度、体验、信心、态度、价值观、精神与动力，一般用来衡量效果。】

7. 设立绩效反馈：客观审视成果

任何一个过渡转变期，组织内的正式与非正式沟通都必须专注于澄清误会、公开信息以及提供反馈。

为了保证指挥链上下流通的信息准确可靠，EPU 按照专家提议，组建了一支交流监察小组，组员由管理层委任、有同事支持、来自各个项目。监察小组的任务是找出任何有可能影响 EPU 效能的误会或误解。

监察小组每个月碰头开会，摸清 EPU 在过渡转变过程中的整体情况。监察小组没有做出决策的权力，也不负责建议采取什么行动，其目的只是促进组织内部的交流，只做三件事：

- 展示证明 EPU 管理层想了解员工情况。
- 小组集中审查各种方案与指示，审查后再公之于众。
- 为 EPU 领导小组提供一个澄清指示中的误会、处理有害谣言的机会。

当员工对这种正式沟通过程信任有加时，他们更有可能相信自己说的话有分量、自己对组织很重要、自己的想法有价值、自己的贡献受重视。这有利于员工积极提供反馈，在整个组织的过渡期中发挥出更大的作用。

【作者注：员工同样希望知道自己表现如何，特别是自己是否完成了绩效目标。反馈必须公平、客观、及时，否则就没有意义。保证公平的一个方法是让更多观察员参与。如果观察报告里有来自经理、同事、顾客、供应商等人的反馈，那么这份报告就比较全面客观。】

8. 审查目的、目标：做出好的决策

随着 EPU 的声名远播，越来越多的特殊儿童所在家庭前

来寻求支持与帮助。作为业内翘楚自然会吸引许多注意力，一方面是好事，另一方面也为 EPU 领导层带来了两难局面：资源有限，但又想让每一个前来求助的家庭都得到照顾。

日益渐长的服务需求不仅要求 EPU 寻求额外的资源，还意味着 EPU 必须扩大资金来源，要找到能常年提供资金的大型机构与私人基金会。

向这些大机构筹集经费也就意味着会有更严格的规则与更高的绩效预期。EPU 需要审查检讨自己的绩效预期与目的、目标，并以此为基础做出好的决策。

EPU 领导层引入了战略思考法来做长远决策。领导小组参加了有关的辅导课程与咨询环节，磨砺了以下能力：

- 更肯定地做出立足未来的决策。
- 通过全盘统筹来执行这些决策。
- 把决策结果与最初预期做比较。
- 创造一个让 EPU 上下级随时随地从战略层面进行思考与行动的环境。

【作者注：通过检讨绩效预期，可辨别出哪些目的与目标较难做到、哪些相对容易。利用这个机会，还能发现因目的不明或目标相悖而导致的问题。另外要注意，能者多劳的员工可能不堪重负，而其他人需要更大的挑战来转化成动力。对达到或超出目标的人要给予肯定；对结果低于预期的人，要提供培

训或匡正辅导。】

9. 辨别无法完成的目的、目标：判断是否值得继续投入

EPU 的创始人及其麾下的领导小组当时最关心的就是：更换了掌舵人以后，EPU 这艘大船要如何乘风破浪，要如何避免困于原地甚至卷入漩涡。把时间浪费在无法完成的目的、目标上面，是大家都不愿意看到的。

EPU 选择了 SWOT 分析法来作为检验内外形势的最佳方法。

优势（Strength，S）：能够为组织服务、并为组织的未来服务的各个方面。它们包括这个组织擅长做的事、组织盛名在外的事、组织为之自豪的事以及其他需要加强或保留的特质。

劣势（Weakness，W）：不解决就会有麻烦、会削弱实力与后劲的各个方面。它们代表了这个组织为了获得长远成功、需要提高的地方。

机会（Opportunity，O）：发生在组织外、抓住则有利于组织长远成功的势与事。虽然机会可能要靠外部环境赐予，但组织一定要果断把握机会，甚至要主动扑向机会。

威胁（Threat，T）：发生在组织外、有可能妨碍组织成功的势与事。找出这些威胁，就能趁机凸显与客户的附加值型关系、强调自己的品质、再一次向社区介绍这个组织。

SWOT 分析揭示了有哪些事件和趋势正在影响 EPU 的现状与未来潜力。有这些分析在手，领导层研究出了主动应对

之策。

SWOT 分析结果不但对现任管理层具有重要意义，而且对未来的新掌舵人而言也有重要价值。

【作者注：要研究组织内有哪些做法并未取得效果，然后试着利用优势与机会来改变结果，并估计要用多少时间、人力与物力才能保证成功。召集关键人员一起讨论：有哪些目的、目标纯属浪费时间精力、有哪些还能打捞抢救一下。判断这些目的、目标是否值得继续投入，要从哪里获得所需资源。如果该目的是否达成依然很重要，则要找出阻碍成功的原因，并想方设法拨开障碍或减轻它们的影响。】

（三）计划舵轮给 EPU 带来的好处

计划舵轮的 9 个切入点为 EPU 领导层提供了很好的机会，来与员工、供应商以及赞助方经常交流、检阅关键信息。正是这种双向互动，赋予了计划舵轮灵活性，可以一次次地评估、调整既定的方针，以应对 EPU 内外的要求。

EPU 所有项目的参与人都接受了专门培训，可从任意一点进入计划舵轮，无须完整地从 1 到 9 过一遍。例如，空降到现有团队中的新经理可以直接从第 8 点切入：审查现有的目的、目标。审查后，新经理可以支持现有的工作，也可以做些变更。再比如，一个新的项目刚刚启动，没有明确的目的、目标。这种情况下，新经理懂得要从计划舵轮的第 1 点或第 2 点入手。听取 EPU 资深老员工的建议之后，新经理迅速地了解到要把自己的团队团结在计划舵轮的周围，这十分有利于自己建立起项目主管的权威，有利于提高手下团队的出产成果。

四、 EPU 创始人对于这次过渡转型的感受

2014 年 8 月，对这次过渡转型，EPU 的创始人玛莉安·卡莉安说："我计划明年 1 月份退休——但是在找到合适的人顶替我之前，我不会离开。这个星期就是新执行总监的面试，希望他们会找到完美人选。过渡期确实会充满困难与挑战，但我们已经为迎接这些而努力了几年时间。我们的领导小组很强大，并且已经准备就绪。"